AF296289

CADET-ROUSSEL

DEMOLLET, GRIBOUILLE ET Cie

BAMBOCHADE EN TROIS ACTES, PRÉCÉDÉE D'UN PROLOGUE EN VERS

PAR

MM. CLAIRVILLE & Jules CORDIER

DEUXIÈME ÉDITION

PRIX : UN FRANC

PARIS,

N. TRESSE, ÉDITEUR,

Successeur de J.N. Barba,

PALAIS-ROYAL, GALERIE DE CHARTRES, Nos 2 ET 3,

Derrière le Théâtre-Français.

1860

FRANCE DRAMATIQUE. — PIÈCES EN VENTE

- ...aye de Castro, (l'), drame, 5 actes. 60
- Abbé (l') Galant, vaud., 2 actes. 60
- Abbé de l'Épée (l'), com., 5 actes. 60
- Agamemnon, tragi. 5 a. 60
- Aline Paga, vaud., 3 a. 60
- Aline, reine de Golconde, op.-com. 60
- Aix ou les deux Mères, drame, 5 actes. 60
- Amant bourru (l'), com., 3 actes en vers. 60
- Amans (les) Marcy, d. 5 a. 60
- Ambassadrice, op.-com., 3 actes 60
- A minuit, dr., 3 actes. 60
- Amour (l'), vaud., 3 a. 60
- André Chénier, dr., 3 a. 60
- Angéline ou la Champenoise, vaud., 1 a. 60
- Anglaises pour rire (les), vaudeville, 1 acte. 60
- Angèle, dra., 5 a. Dumas. 60
- Angélus (l') dr., 5 a. 60
- Antony, dr., 5 a. Dumas. 60
- Anneau de la Marquise (l'), v., 1 acte. 60
- Aristocraties (les) com., 5 actes en vers 1 »
- Artiste 213 (l') vaud., 1 a. 60
- Assemblée de Famille (l'), c., 5 a., en vers.
- Auberge des Adrets (l'), drame, 3 actes.
- Avant, Pendant et Après, v., 3 actes. 60
- Avocat de sa cause (l') com., 1 acte, en vers.
- Bains à domicile (les) vaud. 1 50
- Bambocheur (le), v., 1 acte. 60
- Barbier de Séville, (le) op.-c., 4 actes. 1 »
- Barbier de Séville (le), comédie, 4 act. 1 »
- Barbier (le) de Séville, g. op. 4 a. 1 »
- Barcarolle (la), op.-com. 3 actes.
- Bayadères de Pitiviers (les) vaud., 3 actes. 60
- Béatrix, drame, 4 act. 60
- Beau-Père (le), v., 1 a. 60
- Bélisario, vaude., 2 act. 60
- Belle aux cheveux d'or, (la) féerie, 5 actes. 60
- Belle Bourbonnaise (la) drame, 3 actes. 60
- Belle Écaillère (la), dr., 3 actes. 60
- Belle et la Bête (la), vaud., en 2 actes. 60
- Belle Mère (la) et le Gendre, com., 3 actes. 60
- Belle Sœur (la), c., 2 a. 60
- Bénéficiaire (le), v., 5 a. 60
- Bertrand l'horloger, c., vaud., 2 actes. 60
- Bertrand et Raton, c., 5 actes. 60
- Biribis le Maçon mystérieux, vaudev., 1 act.
- Bobèche et Galimafré, v. 3 act.
- Bœuf gras, (la) vaud., 1 a. 60
- Bohémiens de Paris (les) 60
- Bohémienne de Paris (la) dr. 5 act.
- Bonhomme Job (le) vaud. 3 act.
- Bonnes d'enfans (les) vaudeville, 1 acte. 1 50
- Boulangère à des écus (la), vaud., 2 actes. 60
- Bourgeois de Gand (le) drame, 5 actes. 60
- Bourgeois grand seigneur (le), com., 3 a.
- Bourgmestre de Saardam
- (le), v., 2 actes. 60
- Bourru bienfaisant (le), com., 3 actes 60
- Branche de chêne (la), drame, 5 actes 60
- Brasseur de Preston (le) op., com., 3 actes 60
- Bryan le fileur, vaud., 2 actes. 60
- Brigitte, dr., 3 actes. 60
- Brodequins de Lise (les) vaud., 1 acte. 60
- Bruéis et Palaprat, c., 1 acte. 60
- Brutus, vaud., 3 actes. 60
- Buffet d'un jeune ménage (le), vaud.
- Bu...
- Cabinet (le) particulier, vaud. 3 actes.
- Cachucha (la), v., 1 a. 60
- Cagliostro, op.-c., 3 a. 60
- Calas, drame 3 actes. 60
- Caleb de Walter Scott (le) vaud., 1 acte. 60
- Camaraderie (la), c., 5 a. 60
- Camarade du ministre (le), com., 1 acte. 60
- Camargo (la), v., 4 a. 60
- Camp des croisés (le) drame, 5 actes. 60
- Canaille (la), v., 3 actes. 60
- Candinot, roi de Rouen, vaud., 2 actes. 60
- Capitaine de voleurs (le) vaud., 2 actes. 1 50
- Capitaine (le) Charlotte, com.-v., 2 a. 60
- Caporal et la payse (le) com.-vaud., 1 acte. 60
- Caravage, dr., 3 actes. 60
- Carlin à Rome, v., 1 acte. 60
- Carlo Béati, vaud., 3 a. 60
- Carmagnola, op., 3 a. 60
- Carte à payer (la), v., 1 a. 60
- Carte blanche, c., 1 a. 60
- Cartouche, dr., 3 actes. 60
- Catherine ou la Croix d'or, vaud., 2 actes. 60
- Catherine II, tra., 5 a. 1 »
- Catherine Howard, dr., 5 actes. Dumas. 60
- Célibataire (le) et l'Homme marié, com. 3 a. 60
- Cendrillon, op.-com., 3 actes. 60
- C'est encore du bonheur, vaud., 3 actes. 60
- C'est monsieur qui paie, vaud. 1 a. 60
- C'était moi, dr., 2 a. 60
- Chacun de son côté, com. 3 actes. 60
- Chaîne électrique (la), com. 2 actes. 60
- Châlet (le) op.-c., 1 a. 60
- Changement d'uniforme (le), vaud., 1 acte. 60
- Chanoinesse (la), c., 1 a. 60
- Chansons de Béranger (les), vaud., 1 acte. 60
- Chantre et Chorisie, v., 1 acte. 60
- Charles VII, tra., 5 actes. Dumas. 60
- Chêne du roi, tra., 3 a. 60
- Chevalier (le) du temple, dr., 5 actes. 60
- Chevillés de maître Adam (les), c., 1 a. 60
- Chiffonnier (le), v., 5 a. 60
- Christine, dr. 5 actes. 1 »
- Ci-devant jeune homme (le), v., 1 acte. 60
- Citerne d'Albi (la) dr., 3 actes. 60
- Cléopâtre, tra., 5 actes. 60
- Clermont ou une Femme d'artiste, v., 2 a. 60
- Closerie des Genets, dr., 5 actes. 1 »
- Clotilde, drame 5 actes. 60
- Clytemnestre, tra., 5 a. 60
- Cocarde tricolore (la), vaud., 5 actes. 60
- Code et l'Amour (le), vaud., 1 acte. 60
- Code noir, op.-c., 3 a. 60
- Coffre-fort (le), v., 1 a. 60
- Coiffeur et le perruquier (le), 1 a. 60
- Coin de rue (le), v., 1 a. 60
- Colonel (le), v., 1 a. 60
- Comédiens (les), dr., 5 a. 60
- Comité de bienfaisance (le), com., 1 a. 60
- Commis voyageur (le), vaud., 2 a. 60
- Comte Ory (le), op., 3 a. 1 »
- Comte d'Altenberg, dr. 60
- Conteur (les), v., 2 a.
- Couteur (le), dr., 1 a. 60
- Contre...(les), c., 1 a. 60
- Contrebasse, vaud., 1 a. 60
- Convenances d'argent (les), c., 2 actes. 60
- Couleurs de Marguerite (les), vaud., 2 a. 1 50
- Course à l'héritage, com., 5 actes. 60
- Courte-paille (la), v., 3 a. 60
- Cousin du ministre (le), vaud. 1 a. 60
- Couturières (les), v., 1 a. 60
- Couvent de Tonnington (le), drame, 3 a. 60
- Cuisinières (les), v., 1 a. 1 50
- Dagobert ou la Culotte, vaud., 3 a. 60
- Dame blanche (la), op.-com., 3 a. 60
- Dame de Layal (la), dr., 3 actes. 60
- Dame de St-Tropez (la), drame en 5 actes. 60
- [illegible], 2 actes. 60
- Débardeur (le), v., 2 a. 60
- Débutant (le), c., 1 a. 1 »
- Delphine, com. 2 actes. 60
- Démence (la) de Charles VI, trag., 5 actes. 60
- Demoiselle à marier (la), vaud., 1 acte. 60
- Dernier amour (le), v., 3 actes. 60
- Dernier banquet de 1848, rev., 3 actes. 60
- Dernier marquis (le), dr. 5 actes. 60
- Dette à la Bamboche, com.-vaud., 2 actes. 60
- Deux Anglais (les), c., 3 actes. 60
- Deux Compagnons du Tour de France, v. 2 a. 60
- Deux Dames au violon, vaud., 1 a. 60
- Deux Edmond (les), 2 actes. 1 »
- Deux Favorites, v., 2 a. 60
- Deux Forçats (les), dr., 3 actes. 60
- Deux Frères (les), c., 4 actes. 60
- Deux Gendres (les), com., 5 a. 60
- Deux Jaloux (les), op.-com., 1 a. 60
- Deux Maris (les) v., 1 a. 60
- Deux Ménages (les), c., 3 actes. 60
- Deux Normands, v., 1 a. 60
- Deux papas très-bien, v., 1 acte. 60
- Deux Philibert (les), com., 3 a. 60
- Deux Sœurs, dr., 3 a. 60
- Deux Systèmes (les), v., 2 actes. 60
- Deux voleurs, op.-c., 4 actes. 60
- Diable à quatre (le), v., 3 actes. 60
- Diamant (le), v., 3 a. 60
- Diamans de la couronne, opéra-com. 3 a. 60
- Dîner de Madelon (le), vaud., 1 a. 60
- Diogène de Xantès
- Diplomate (le), v., 1 acte. 60
- Dominique ou le possédé, com., 3 a. 60
- Domino noir (le), op.-c., 3 actes. 60
- Don César de Bazan, dr., 5 actes. 60
- Duchesse de Marsan, dr., 5 actes. 60
- Duel (le) et le Déjeuner, vaud., 1 acte. 60
- Éclair (l'), op.-c., 60
- École des vieillards (l'), com., 5 actes. 60
- Économias de Cabochard et Sous-Clé. 60
- [illegible] vaud., 3 actes. 60
- Échec et Mat, dr., 5 actes. 1 »
- Élève de Saumur (l'), vaud., 1 acte. 60
- Elle est folle, v., 3 a. 60
- Embarras du choix (l'), vaud., 1 a. 60
- Endymion, v., 1 a. 2 »
- Enfant chéri des Dames, vaud., 3 a. 60
- [illegible], trag., 5 a. 60
- Enfant trouvé (l'), c., 3 actes. 60
- Entre l'arbre et l'écorce, vaud., 1 acte. 60
- Espionne russe (l'), v., 3 actes. 60
- Est-ce un rêve? v., 2 a. 60
- Estelle, vaud., 1 a. 60
- Étourdis (les), c., 3 a. 60
- Étudiants (les), dr., 5 a. 60
- Eulalie Pontois, drame, 3 actes. 60
- Eustache, v., 1 a. 60
- Facteur (le), dr., 5 a. 60
- Famille Glinet (la), c., 5 actes. 60
- Famille improvisée (la), vaud., 1 acte. 60
- Famille Riquebourg (la), vaud., 1 a. 60
- Faufan le bâtonniste, vaud., 2 a. 60
- Farfack le Maure, dr., 5 actes. 60
- Faublas, vaud., 5 actes. 60
- Favorite (la), op., 4 a. 1 »
- Femme de 40 ans, com., 3 actes. 60
- Femme jalouse (la), v., 5 actes. 60
- Fénelon, trag., 5 a. 60
- Ferme de Bondy (la), vaud., 4 a. 60
- Festin de pierre (le), com., 5 a. 60
- Feu Peterscott, v., 2 a. 60
- Fiancée (la), op.-c., 3 a. 60
- Fiancée de Lammermoor (la), dr.
- Fin du monde (le), revue 18.. 60
- Floridor le ..., com., 2 a.
- Folle St-Laurent
- Francesca
- Frédérique et Brunes..., 5 a. 60
- [illegible] Fleuve (les), 5 a. 60
- Gamin de Paris (le), v., 5 actes. 60
- Gardeuse de dindons, vaud., 3 a. 60
- Gardien (le), v., 2 a. 60
- Gaspardo le pêcheur, drame, 5 a. 60
- Gendre d'un millionnaire (le), c., 5 a. 60
- Geneviève la blonde, 60
- Georget et Maurice, vaud., 2 a. 60
- Glenarvon ou les Puritains, dr., 5 a. 60
- Grâce de Dieu (la), dr., 5 actes. 60
- Grande Dame (la), dr., 2 actes. 60
- Guerre des servantes, drame, 5 a. 60
- Guillaume Colmann, d., 5 actes. 60
- Guido et Ginevra, op., 3 actes. 1 »
- Guillaume Tell, gr.-op. 5 actes. 1 »
- Gustave III ou le Bal, grand-opéra, 5 a. 60
- Harnali, parodie d'Hernani. 2 »
- Héloïse et Abeilard, d., 5 actes. 60
- Henri Hamelin, vaud., 3 actes. 60
- Henri III et sa cour, d., 5 actes. 60
- Héritage du mal (l'), drame 4 a. 60
- Héritière (l'), comédie, 5 actes. 60
- Héritière (l'), v., 1 a. 60
- Héritiers ou le Naufrage (les), c., 1 a. 60
- Héroïne de Montpellier (l'), drame, 5 a. 60
- Heur et Malheur, v., 1 acte. 60
- Homme au masque de fer (l'), dr., 5 a. 60
- Homme blasé (l'), v., 2 actes. 60
- Homme de soixante ans, (l'), vaud., 1 a. 60
- Homme gris (l'), c., 3 a. 60
- Honorine, vaud., 3 a. 60
- Hôtel garni (l'), c., 1 a. 1 »
- Huguenots (les), grand opéra, 5 a. 1 »
- Humoriste (l'), v., 1 a. 60
- Hussard de Felsheim (les), vaud., 3 a. 60
- Idiote (l'), dr., 3 a. 60
- Il y a seize ans, dr., 5 a. 60
- Image (l'), vaud., 1 a. 60
- Indépendants (les), c., 5 actes. 60
- Industriels et industrieux, revue, 3 a. 60
- Infortunes de M. Jovial (les), vaud., 3 a. 60
- Intérieur des comités révolutionnaires, com. 60
- Isabelle de Montédal,

CADET-ROUSSEL

DUMOLLET, GRIBOUILLE ET CIE

BAMBOCHADE EN TROIS ACTES, PRÉCÉDÉE D'UN PROLOGUE EN VERS

PAR MM. CLAIRVILLE ET JULES CORDIER

Représentée pour la première fois, à Paris, sur le théâtre des Folies-Dramatiques le 15 juin 1853.

Personnages.	Acteurs.
LE ROI DAGOBERT.	MM. HOSTER.
CADET-ROUSSEL.	HEUZÉ.
LARISSOLLE, garde française, amoureux d'Annette.	BELMONT.
FANFAN LA TULIPE, idem, amoureux de Fanchon.	H. REY.
SANS-QUARTIER, idem, amoureux de Colinette.	MIKEL.
GRIBOUILLE, prétendu de Colinette.	E. VAVASSEUR.
DUMOLLET, idem d'Annette.	JEAULT.
COMPÈRE GUILLERI, idem de Fanchon.	FRANCE.
M. DENIS.	LEMONNIER,
M. DE LA PALISSE, ministre de Dagobert.	DESQUELS.
FANCHON, fille de Cadet-Roussel.	Mlles DUBUISSON.
COLINETTE, idem.	HÉLÉNA.
ANNETTE, idem.	ANOUBA.
MADAME GRÉGOIRE, cabaretière, amoureuse de Dumollet.	FÉRANTI.
LA BOULANGÈRE, amoureuse de Gribouille.	MARIE G.
LA MEUNIÈRE, amoureuse de Guilleri.	DESJARDINS.
MADAME DENIS.	LEROY.
LA MÈRE MICHEL.	DELISLE.

PERSONNAGES MUETS :

La mère Bontemps, la belle Bourbonnaise, Fanchon la vielleuse, un chef des Gardes, Soldats, Invités.

NOTA. — Les personnages sont placés en tête de chaque scène, comme ils doivent l'être au théâtre; le premier occupe toujours la gauche du spectateur, et ainsi de suite.

PROLOGUE.

Le théâtre représente l'intérieur du cabaret de madame Grégoire : porte au fond; porte à droite, deuxième plan ; vis-à-vis de cette porte, à gauche, une fenêtre.

LA CHANSON, costume allégorique. Elle entre par le fond.

C'est moi ! c'est la chanson, la chanson d'autrefois,
Moi, dont les airs anciens vont à toutes les voix.
— De la vieille gaieté nos auteurs idolâtres,
Voyant le rire exclu des modernes théâtres,
Ont voulu raviver votre esprit languissant
Par quelques joyeux traits des mœurs de Dix-sept cent.
Du chansonnier du peuple empruntant les images,
Nous allons vous montrer ces anciens personnages
Que leur parler naïf et leur air hébété
Créa, pour nos plaisirs, les rois de la gaieté ;
De ces rois endormis, comme après une orgie,
Nous allons secouer la longue léthargie :
D'abord c'est Dagobert, que le sexe évitait
Pour l'étrange façon dont il se culottait ;
Puis c'est Cadet-Roussel suivi de ses trois filles,
L'une belle et les deux autres des plus gentilles :
Colinette, Fanchon, Annette... Vous verrez
De ces tendrons charmants trois soldats adorés,
Et dont le dernier siècle inaugura le type ;

1860

Sans-Quartier, Larissolle et Fanfan la Tulipe.
Ensuite, l'œil fripon et le nez en avant,
Vous verrez la Meunière et son moulin à vent ;
Puis, à son tour viendra la belle Boulangère
Avec tous ses écus qui ne lui coûtent guère ;
Et madame Grégoire et la mère Michel,
Même son chat, ce chat qu'elle a fait immortel !
Enfin vous allez voir, sans que votre œil se mouille,
Guilleri, Dumollet, La Palisse et Gribouillé ;
Jeunes sont les premiers, et Gribouille est *pluvieux :*
Les auteurs font toujours du neuf avec du vieux.
Voilà ce que, ce soir, vont tenter les deux nôtres,
Ils feront de l'esprit avec l'esprit des autres ;
Ils pilleront Collé, détrousseront Panard,
Et, pour grossir encor leur butin de hasard,
De Vadé, de Piron, ils voleront la muse...

Mais le public absout le voleur qui l'amuse.
— « Cependant, dira-t-il, l'anachronisme est fort :
Quand Dumollet parut, Dagobert était mort ;
Malbroug n'a pas connu monsieur de *La Palisse,*
Et Gribouille, si bête à force de malice,
Ne vivait pas du temps où vivait Guilleri,
Qui se cassa le cou pour voir son chien *couri.* »
— Qu'importe ! ils sont vivants, bien vivants, et, pour
Dagobert met, ce soir, une culotte neuve :   [preuve,
Loin de vous courroucer de quelques traits hardis,
Riez de bon aloi comme on riait jadis,
Traitez en vieux amis tous ces joyeux compères
Dont la franche gaieté plaisait tant à nos pères ;
Et pour ce badinage, épicé de gros sel,
Montrez-vous bons enfants... comme Cadet-Roussel.

ACTE PREMIER.

Même décor qu'au Prologue.

SCÈNE I.

LA BOULANGÈRE, LA MEUNIÈRE, puis MADAME GRÉGOIRE.

LA BOULANGÈRE, au fond, à la cantonade. François, qu'on allume le four, et pétrissez ferme ; c'est aujourd'hui jour de noce.

LA MEUNIÈRE, au fond, à la cantonade. Et vous, Jean, ne quittez pas le moulin...

JEAN, du dehors. Non, bourgeoise.

MADAME GRÉGOIRE, entrant par la droite. Tiens ! les deux voisines, la belle boulangère et la meunière du moulin à vent !

LA BOULANGÈRE. Oui, madame Grégoire... c'est nous qui venons vous demander si c'est bien aujourd'hui que se font les trois mariages des trois filles de Cadet-Roussel ?

MADAME GRÉGOIRE. Mieux que ça, boulangère, c'est pour tout à l'heure ; et les trois noces se font dans mon cabaret.

LA MEUNIÈRE. Ah ! Fanchon, Colinette et la gentille Annette se marient !... Ces jeunes filles, ça a-t-il de la chance !... Et qui donc qu'elles épousent ?

LA BOULANGÈRE. Oui, qui donc ?

MADAME GRÉGOIRE. Comment ! vous ne le savez pas ?

LA BOULANGÈRE ET LA MEUNIÈRE. Non !

MADAME GRÉGOIRE, passant au milieu. Eh bien ! elles épousent nos trois amoureux !

LA BOULANGÈRE. Comment ! nos trois amoureux !

LA MEUNIÈRE. Nos trois amoureux, à nous ?

MADAME GRÉGOIRE. Eh ! oui... (A la boulangère.) Oui, boulangère, Colinette vous vole votre Gribouille... (A la meunière.) Fanchon vous souffle votre compère Guilleri, meunière ; et, dans un quart d'heure, cette vilaine gentille Annette va me prendre mon Dumollet.

LA BOULANGÈRE, gaiement. Bah ! faut nous consoler.

LA MEUNIÈRE. Moi, je le suis d'avance ; un imbécile, ce Guilleri, qui était toujours à tourner autour de mon moulin ! Avec ça, un si petit homme ! j'aurais craint de le perdre.

LA BOULANGÈRE. Et ce Gribouille, v'là-t-il pas une grande perte ! Un finot qui ne se mariait avec moi que parce qu'il avait peur de m'épouser.

MADAME GRÉGOIRE. C'est comme ce Dumollet, qui aurait passé toutes ses journées à faire la belle jambe ! Ce n'est pas assez pour le bonheur d'une femme sensible.

LA BOULANGÈRE. Oui, mais maintenant, où trouver tout de suite des maris de rechange ?

MADAME GRÉGOIRE. Ah ben ! mais ça ne doit pas vous embarrasser, vous !

LA BOULANGÈRE. Moi ?

MADAME GRÉGOIRE. Eh ! sans doute... Tous ces financiers qui viennent cuire chez vous, et qui sont plus tendres que vos petits pains...

LA BOULANGÈRE. Quelle indignité !

MADAME GRÉGOIRE. Pardine ! Est-ce que c'est pas ça qui faisait dire à tout le monde :

Air : *La boulangère a des écus.*

La boulangère a des écus
Qui ne lui content guère ;
Elle reçoit tous les Crésus
Qui cherchent à lui plaire.

On ne voit d'amants mal reçus
Chez notre boulangère
Aux écus,
Que ceux qui n'en ont guère.
LA MEUNIÈRE ET MADAME GRÉGOIRE.
On ne voit d'amants mal reçus, etc.
LA BOULANGÈRE. Eh! dites donc, madame
Grégoire, faut pas tant déchirer les autres...

Air : *C'est le gros Thomas.*

Rap'lez-vous qu' dans l' temps,
Du vivant de défunt Grégoire.
A vingt régiments
On vous a vu donner à boire.
Lorsque les brocs coulaient,
Comm' les baisers roulaient!
On dit mêm' qu'après la retraite,
Rentrant par un' porte secrète,
L'amour s'enivrait
Dans votre cabaret!

MADAME GRÉGOIRE. Vous n'êtes qu'une mau-
vaise langue!
LA BOULANGÈRE. Et vous, qu'une chipie!
LA MEUNIÈRE, se plaçant entre elles. Là, là;
est-ce qu'il faut s' disputer comme ça entre
voisines!

Air : *J'ai vu la meunière.*

Allons, allons, pas de gros mots,
N' vous j'tez plus la pierre;
Et pour fair' tomber les propos,
Suivez ma manière :
Quoiqu'on s' moqu' de moi ben souvent
En arrière ou bien par devant...
J'en ris, foi d' meunière
Du moulin à vent!

TOUTES.
Ell' rit, foi d' meunière, etc.

LA MEUNIÈRE. Voyons, donnez-vous une
bonne poignée de main ; ça vaut mieux qu'une
poignée de sottises.
MADAME GRÉGOIRE, passant au milieu. Va comme
il est dit... Et d'ailleurs, si ce qu'on dit est
vrai, y s'en passera de drôles aux noces de nos
infidèles.
LA BOULANGÈRE. Bah!
LA MEUNIÈRE. Qu'est-ce qui se passera donc?
MADAME GRÉGOIRE. Dame! s'il faut croire
les cancans...
LA BOULANGÈRE ET LA MEUNIÈRE. Les cancans? Oh! parlez, parlez!

TOUTES.

Air : *Les cancans.*

Les cancans,   (*Bis.*)
C'est charmant, c'est amusant;
Les cancans,   (*Bis.*)
Rien n'est plus divertissant.

MADAME GRÉGOIRE.
On dit qu' dans l' bois, en secret,
Collinette s'en allait
Avec un soldat .. surtout
(Finement.)
Parce qu'elle avait peur du loup.
TOUTES, gaiement.
Les cancans, etc.
MADAME GRÉGOIRE.
Avec un soldat d'ici
La gentille Annette aussi
Allait voir dans la forêt
(Avec intention.)
Si... le printemps s'avançait...
TOUTES, gaiement.
Les cancans, etc.
MADAME GRÉGOIRE.
Bref! ils étaient trois lurons,
Et l'on dit qu'aux Porcherons,
Le troisième en un bouchon
Fit rire et boire Fanchon.
TOUTES.
Les cancans, etc.
(On entend rire du dehors. Les trois commères remon-
tent vers le fond.)
LA BOULANGÈRE. On vient.
LA MEUNIÈRE. C'est la noce aux filles de
Cadet.
MADAME GRÉGOIRE. Chut! pas un mot de-
vant elles. (Elles entrent chez madame Grégoire.)

ooooooooooooooooooooooooooooooooooooooooooooooooooooooooooo

SCÈNE II.

DUMOLLET, donnant le bras à ANNETTE; GRI-
BOUILLE, donnant le bras à COLINETTE;
GUILLERI, en chasseur, donnant le bras à
FANCHON; M. ET MADAME DENIS; LA
MÈRE MICHEL, ayant son chat sous le bras;
LA BELLE BOURBONNAISE; FANCHON
LA VIELLEUSE; INVITÉS.

(Les trois premiers couples sont en mariés.)

Air : *Gai, gai, marions-nous.*

TOUS, en entrant et en sautant.

Gai, gai, mariez-vous,
marions-nous,
Mettez-vous tous en ménage;
Mettons-nous
Gai, gai, mariez-vous,
marions-nous :
Est-il un plaisir plus doux?

(A la fin du refrain qui précède, les personnages se
trouvent en chaperon sur le devant de la scène dans
l'ordre suivant : Colinette, Gribouille, Annette, Dumollet, Fanchon, Guilleri, M. et madame Denis; les
autres personnages au deuxième rang; madame Michel
derrière Gribouille.)
GUILLERI, à Fanchon.
Guill'ri, chasseur sans pareil,

Chass'ra pour vous, ma poulette;
Vous êt's sûr' d'avoir un' bête
Chaqu' matin à vot' réveil.

REPRISE EN CHŒUR.

Gai, gai, etc.

GRIBOUILLE, à Colinette.

Gribouille veut vivre heureux
Comme un poisson dans la Seine;
Si vous me fait's de la peine,
Je m'arracherai les ch'veux,

TOUS.

Gai, gai, etc.

DUMOLLET, à Annette.

Oui, Dumollet vous promet
Amour et gastronomie;
Toujours vous aurez, ma mie,
Du pain tendre et *du mollet*.

TOUS.

Gai, gai, etc.

MADAME DENIS, à son mari. Voyez donc, monsieur Denis, comme les jeunes mariées sont tristes!

M. DENIS. C'est peut-être parce que leurs maris n'ont pas de culottes de velours.

MADAME DENIS, chantant.

Que je crois manger toujours.

M. DENIS. Non, non, non, madame Denis, ce n'était pas des culottes, c'était des pruneaux de Tours, que vous croyiez manger toujours.

GRIBOUILLE. Mais prenez donc garde, mère Michel!

MÈRE MICHEL, s'avançant. Prenez garde vous-même (Elle montre au public le chat qu'elle tient.): vous étouffez mon chat, ce pauvre Minet.

GRIBOUILLE, avec humeur. C'est-y Dieu possible... d'amener un chat à la noce!

MÈRE MICHEL. Tiens! sans Minet, il n'y aurait pas un chat à votre noce.

GUILLERI. Voyons, ma petite Fanchon, pourquoi qu' vous faites la moue à votre petit homme de Guilleri?

FANCHON. Laissez-moi, vous n'êtes qu'un roquet.

GUILLERI. Roquet!... Ah! je le dirai à votre père : roquet!

DUMOLLET. Allons, allons, ma gentille Annette, faites une belle risette à votre amour de Dumollet.

ANNETTE. Ah! vous devriez bien retourner à Saint-Malo!

DUMOLLET. A Saint-Malo! nom d'un chien!... plus souvent que j'aille m'y faire mordre!

COLINETTE, à Gribouille, qui la lutine. Voyons, monsieur Gribouille, laissez-moi, ou je vous donne une chiquenaude.

GRIBOUILLE. Une chiquenaude! (Faisant le geste de vouloir l'embrasser.) Non, non, j'aime mieux autre chose.

COLINETTE. Autre chose? (Le souffletant.) Voilà!

GRIBOUILLE, à lui-même. Sacredienne! j'aurais dû me contenter de la chiquenaude.

GUILLERI. Mais M. Cadet-Roussel, notre futur beau-père, est bien en retard!

FANCHON. Je crois qu'il est resté dans une de ses trois maisons, pour panser un de ses trois chiens, qui a trois pattes cassées.

GRIBOUILLE. Mais avant de panser un de ses trois chiens, il aurait bien dû penser à ses trois gendres.

COLINETTE. On voit bien que vous ne connaissez pas papa Cadet; il est si bon enfant, mais si bon enfant, qu'il est toujours de l'avis du dernier qui lui parle, et si son chien lui a parlé après vous...

DUMOLLET, à lui-même. Sapristi! puisqu'il a des chiens, je n'irai pas souvent chez mon beau-père. (Haut.) C'est égal, il devrait être plus pressé que ça un jour de noces.

CADET-ROUSSEL, en dehors. Ne vous impatientez pas, mes trois gendres!... me voici, mes trois filles!

TOUS. Ah! le voilà!

SCÈNE III.

LES MÊMES, CADET-ROUSSEL, *puis* LA BOULANGÈRE, LA MEUNIÈRE, MADAME GRÉGOIRE.

CADET-ROUSSEL, arrivant au milieu. Ah! quelle aventure! quelle aventure!

TOUS. Qu'est-ce donc?

CADET-ROUSSEL.

Air : *Cadet-Roussel est bon enfant.*

Moi, Cadet-Roussel, j'avais pris
Un fiacre att'lé de trois ch'vaux gris...
L' cocher brutal m'a donné trois
Grands coups de fouet dans trois endroits;
Si bien que d' peur qu'y n' me massacre,
J'ai traîné moi-même le fiacre.

TOUS.

Ah! ah! ah! oui, vraiment,
Cadet-Roussel est bon enfant.

CADET-ROUSSEL.

Enfin nous voilà réunis!
Mes filles, aimez vos maris...
Songez à les aimer tous trois,
Même à les embrasser trois fois;
Ils n' sont qu' trois, j' vous défends d' les battre...
J' vous l' permettrais s'ils étaient quatre.

TOUS.

Ah! ah! ah! oui, vraiment, etc.

CADET-ROUSSEL, regardant les invités. Tiens!

mais j' n'aperçois pas le roi Dagobert; il m'avait pourtant bien promis de signer aux trois contrats, lui et M. de La Palisse, son premier ministre.

DUMOLLET. Ils se font attendre parce que c'est bon genre, mais ils viendront.

CADET-ROUSSEL. Hein! quelle noce! comme c'est bien composé! (Les désignant tour à tour.) La mère Michel et son chat, la mère Bontems, Fanchon la vielleuse, la belle Bourbonnaise, M. et madame Denis, un modèle d'amour conjugal.

M. DENIS.

Air de *M. et madame Denis.*

Ah! dame! je le sais bien,
Notre bonheur est ancien.

MADAME DENIS.

C'était meilleur qu'à présent,
Souvenez-vous-en, souvenez-vous-en.

M. DENIS.

Temps des premières amours...

MADAME DENIS.

Que ne durez-vous toujours!

CADET-ROUSSEL. Allons, allons, je crois que nous rirons.

DUMOLLET. Ah! papa beau-père, je n'avais pas encore fait attention!... Qu'est-ce que c'est donc que c't'habit-là?

CADET-ROUSSEL, pirouettant. C'est le plus flambant de mes trois habits... mon habit de papier gris.

GRIBOUILLE, venant à Cadet-Roussel. Tiens, votr' tailleur est donc un imprimeur?

CADET-ROUSSEL. Pourquoi çà?

GRIBOUILLE, le faisant retourner et lisant l'affiche peinte sur son dos : « Chien perdu; trois deniers de récompense... »

CADET-ROUSSEL. Oui, c'est un de mes trois chiens, celui qui se sauve quand on l'appelle... C'est un descendant de Jean de Nivelle... Mais cette absence du roi Dagobert m'inquiète.

GRIBOUILLE, qui a repris sa place. Regardez donc l'heure.

CADET-ROUSSEL. Je vais vous dire l'heure juste à mes trois montres. (Tirant l'une d'elles et y regardant.) Midi! (Tirant la deuxième.) Midi et demi! (Tirant la troisième.) Une heure trois quarts!

TOUS. Ah! quelles patraques!

CADET-ROUSSEL. Oui, elles sont détestables, mais je suis trop bon enfant pour vouloir les gêner dans leurs mouvements.

DUMOLLET. Une idée!... Si, en attendant le roi Dagobert, nous allions casser et mouiller une croûte dans le grand salon?

TOUS. Adopté! adopté!

FANCHON. Oh! moi, je n'ai ni faim ni soif.

ANNETTE. Ni moi.

COLINETTE. Ni moi, et je reste ici.

ANNETTE. Moi de même.

FANCHON. Moi de même.

GUILLERI. Comment! vous ne voulez pas nous tenir compagnie?

COLINETTE. Du tout, vous viendrez nous rejoindre.

CADET-ROUSSEL. C'est convenu, il ne faut contrarier personne.

Air : *Allez-vous-en, gens de la noce.*

Allons-nous-en, gens de la noce,
Dans le grand salon suivez-moi;
Que chacun s'y fasse une bosse,
En attendant notre bon roi.
Combien mes filles sont gentilles!
Mes gendres ont l'air satisfait;
Avant d'entrer au cabaret,
Mes trois gendres et mes trois filles,
(Tendant la joue.)
Venez tous embrasser Cadet.

TOUS, sans l'embrasser.

Ah!... ah! ah! oui vraiment, etc.

(Ils sortent bras dessus, bras dessous en sautillant
pendant ce dernier refrain.)

SCÈNE IV.

COLINETTE, FANCHON, ANNETTE.

FANCHON, descendant la scène, avec un gros soupir. Ah!

COLINETTE, de même. Ah!

ANNETTE, de même. Ah!

FANCHON. Qu'as-tu donc, Colinette?... Et toi, Annette?

ANNETTE. Et toi, Fanchon?

FANCHON. Moi, j'ai que je suis triste.

COLINETTE. Est-ce que tu n'es pas heureuse de te marier?

FANCHON. Oh! si!

COLINETTE et ANNETTE. Eh bien?

FANCHON. Seulement, je ne suis pas heureuse d'épouser Guilleri.

COLINETTE. Tiens! c'est comme moi, le mariage me plaît, mais le mari ne me plaît pas.

ANNETTE. Exactement ma position.

FANCHON. Est-ce que tu penses à quelqu'un que tu aimerais mieux?

ANNETTE. J'crois bien.

COLINETTE. Et moi aussi.

FANCHON. Et moi aussi.

ANNETTE. Bah! Et qui donc aimes-tu?

FANCHON. Oh! je n'oserai pas le dire.

COLINETTE. Ni moi.

ANNETTE. Ni moi.

FANCHON. Eh bien! disons-le toutes les trois ensemble.

COLINETTE et ANNETTE. C'est ça.

FANCHON. Y êtes-vous?

COLINETTE et ANNETTE. J'y suis.

FANCHON. Partons.

TOUTES ENSEMBLE.

Air : *Dans les gardes françaises.*

Dans les gardes françaises
J'avais un amoureux.

Parlé. Ah! bah!

FANCHON.

Fringant,

ANNETTE.

Brûlant comm' braise,

COLINETTE.

Jeune, beau, valeureux!

CHŒUR, en dehors.

Traitons comme fadaises
Ennemis et tendrons :
Dans les gardes françaises
On ne voit que lurons.

FANCHON. Ah! mon Dieu! c'est lui!

ANNETTE et COLINETTE. C'est lui!

TOUTES. Bah!

FANCHON, remontant un peu au fond et passant à gauche, ainsi que ses sœurs, après les mots qui suivent.
Quel hasard!

ANNETTE. Quel bonheur!

COLINETTE. Les voici!

oooooooooooooooooooooooooooooooooooooooooooooooooooo

SCÈNE V.

LES MÊMES, SANS-QUARTIER, FANFAN
LA TULIPE, LARISSOLLE.

(Sans voir les jeunes filles, ils viennent en chantant
occuper la droite du théâtre.)

LES TROIS SOLDATS.

Air de : *La mère Camus.*

En sortant d' chez la mèr' Camus,
Entrons chez madam' Grégoire,
Car il faut boire
Un coup de plus,
En sortant de chez la mèr' Camus.

LA TULIPE.

Que vois-je! ô ciel! mais c'est Fanchon!

SANS-QUARTIER.

C'est Colinette!

LARISSOLLE.

C'est Annette!

TOUS LES TROIS.

Colinette, Annette, Fanchon,
Que faites-vous dans ce bouchon?

LES TROIS JEUNES FILLES, allant à eux.

Vous sortez d' chez la mèr' Camus,
Mais quand on n'y vient pas pour boire,
On est chez madame Grégoire
Beaucoup mieux qu' chez la mèr' Camus.

LARISSOLLE, amenant Annette au milieu.

Air : *Depuis longtemps, gentille Annette.*

Depuis longtemps, gentille Annette,
Tu ne viens plus sous la coudrette
Danser au son du chalumeau,
Avec les filles du hameau;
Toi, dont je regrette l'absence,
Pourquoi désertes-tu la danse,
Dis-moi, pourquoi? (*Bis.*)

ANNETTE.

C'est que toujours mon père
Me dit : si tu veux plaire,
Il faut, il faut être sage à quinze ans;
Plus tard, plus tard il ne serait plus temps.

LARISSOLLE.

Air : *Gentille Annette.*

Gentille Annette,
Sous la coudrette,
Reviens seulette...

ANNETTE.

Pourquoi donc? amant trop cher,
(Presque parlé.)
Pourquoi?

LARISSOLLE, de même,
Pourquoi?

Dame, pourquoi!...

Reprenant l'air :

C'est pour savoir si le printemps s'avance
Pour chasser l'échéance
De nos climats divers.

ENSEMBLE.

C'est pour savoir, etc.

(Ils remontent un peu pendant cette reprise et viennent
à gauche.)

SANS-QUARTIER, prenant le milieu avec Colinette.

Air de *Colinette.*

Colinette au bois s'en allait,
Souvent elle me rencontrait,
À l'ombre d'un bosquet
Nous faisions un bouquet;
Et toujours, quand je la quittais,
Que de bonheur je remportais!
C'était pour tout un jour
De plaisir et d'amour!
Sans oser lui faire la cour,
Ensemble, nous avons un jour...
(Avec intention.)
Cueilli la noisette.

(Sa pantomime exprime la satisfaction du vainqueur.)
Tra la deri dera. Là, là, là, là. (*bis.*)

(Colinette est un peu confuse; il la rassure du geste.)
N'y a pas de mal à ça, Colinette,
N'y a pas de mal à ça.

COLINETTE.

Air : *V'là c' que c'est qu' d'aller au bois.*

Si je ne vais plus dans le bois,
C'est qu' papa m'a dit cent fois

Qu'avec un compagnon volage,
Quand fillette sage
Dans le bois s'engage,
On y va deux, et quelquefois,...
(Avec intention.)
V'là c' que c'est que d'aller au bois.
(Ils remontent.)

LA TULIPE, venant occuper le milieu avec Fanchon ;
Sans-Quartier et Colinette reprennent la droite.

Air : *Elle aime à rire.*

Mais vous, Fanchon, ma bonne amie,
Vous qui veniez aux Porcherons,
Pourquoi de nos joyeux lurons
Désertez-vous la compagnie?
Belle Fanchon, souvenez-vous
Que tous disaient, à votre gloire :
Elle aime à rire, elle aime à boire,
Elle aime à chanter comme nous.

TOUS.
Elle aime à rire, etc.

FANCHON.

Même air.

Aux Porcherons, j'irais encore,
Mais cet endroit est dangereux,
Chacun m'y faisait les doux yeux,
Chacun m'y disait : Je t'adore.
J'ai craint le danger, voyez-vous,
Que l'on ne dît trop à ma gloire :
Elle aime à rire, elle aime à boire.
Elle aime à chanter comme nous.

TOUS.
Elle aime à rire, etc.

(Pendant le refrain, La Tulipe a regagné la droite, ainsi
que les deux autres soldats. Fanchon, Colinette et
Annette ont gagné la gauche.)

LA TULIPE, à ses camarades.

Air des *Bossus.*

Depuis longtemps je me suis aperçu
Que notre amour allait être déçu...
(Désignant le bouquet de mariée des jeunes filles.)
De l'oranger la fleur mise en bouquets,
Effrontément orne leurs trois corsets...
On nous trahit pour quelques freluquets.

FANCHON, passant devant ses sœurs.

Air : *Quel petit homme !*

Oui, mon pèr' me donne un mari ;
Ah ! Dieu ! quel homme !
Quel petit homme !
Mon père me donne un mari ;
Ah ! Dieu ! quel homm' ! qu'il est petit !
Cadet-Roussel, d'humeur si douce,
Veut que j'épouse Guilleri ;
Mais que ferais-je d'un mari
Qui n'a que quatre pieds un pouce?
Voilà pourquoi je le repousse.

COLINETTE, s'avançant.
Je vais me marier aussi,
Et c'est Gribouille qu'on me donne.
ANNETTE, venant entre ses sœurs,
La personne
Que j'épouse... est
Le véritable Dumollet.

CHŒUR.

Air :
Vengeance ! vengeance ! vengeance !
C'est une offense faite à nous.
Vengeance ! vengeance ! vengeance !
Guerre aux époux ! guerre aux époux !

SCÈNE VI.

LES MÊMES, DUMOLLET, puis TOUTE LA NOCE.

DUMOLLET, entrant par la droite.

Air : *Ah ! c' cadet-là quel pif !*
Ah ! sapristi ! qu'est ce que je vois là?
Au secours ! à la garde !
TOUTE LA NOCE, entrant tumultueusement.
On nous appelle, nous voilà !
LES SOLDATS, passant à gauche et tirant leur sabre.
D'en finir il nous tarde.
En garde ! en garde !
CADET-ROUSSEL, entrant le dernier.
Que faites-vous?
GUILLERI, DUMOLLET, GRIBOUILLE, au milieu à
droite, obliquement.
Beau-père, vengez-nous !
Un malheur aujourd'hui nous menace.
LARISSOLLE, SANS-QUARTIER, LA TULIPE, à gauche
De nos rivaux
Nous ferons des morceaux.
Tour à tour au combat prenez place.
CADET-ROUSSEL, au milieu, s'interposant.
Messieurs, ce serait criminel ;
Écoutez-moi, de grâce !
J'exerce un pouvoir paternel :
Je suis Cadet-Roussel.
LES SOLDATS.
Ah ! c' cadet-là, quel pif qu'il a !
LA NOCE.
O ciel ! quelle insolence !
Amis, de cet outrage-là,
Il faut tirer vengeance ! vengeance ! vengeance !
(La lutte va s'engager entre tout le monde, lorsque l'on
entend en dehors le chant suivant.)

CHŒUR, en dehors.

Air du *Roi Dagobert.*

C'est le roi Dagobert ;
Vite, qu'on mette son couvert !
CADET-ROUSSEL.
C'est le roi Dagobert ;
Amis, je reconnais son air.

LA NOCE.

Il nous vengera,
Nous protégera,
Seul, il punira
Ces scélérats-là !

SANS-QUARTIER A LARISSOLLE.

C'est le roi, filons doux !

(Ils rengaînent.)

LARISSOLLE.

Par la fenêtre sauvons-nous !

(Larissolle et Sans-Quartier se sauvent par la fenêtre ;
La Tulipe, qui voulait se sauver par la porte, en
est empêché par l'entrée de Dagobert et de ses
gardes.)

DUMOLLET, aux autres futurs.

Air des *Fraises*.

Ciel ! ils s'échappent d'ici.

TOUS TROIS traversent, et vont se placer devant la
fenêtre.

Fermons-leur le passage.

LA TULIPE, revenant vers la fenêtre.

Il est trop tard...

DUMOLLET.

Dieu merci !
Nous retenons celui-ci !

LA TULIPE.

J'enrage ! j'enrage ! j'enrage !

∞∞∞∞∞∞∞∞∞∞∞∞∞∞∞∞∞∞∞∞∞∞∞∞∞∞∞∞∞∞∞∞∞∞∞∞∞

SCÈNE VII.

LES MÊMES, DAGOBERT, LA PALISSE,

GARDES.

CHŒUR.

C'est le roi Dagobert ;
Vite, qu'on mette son couvert !

CADET-ROUSSEL.

Ah ! le roi Dagobert
A mis sa culotte à l'envers !

DAGOBERT, au milieu.

A l'envers ?... O ciel !
C'est officiel !
Le roi, trop hâté,
S'est mal culotté.
Mais qu'y faire ?... ma foi !
Je vais la remettre à l'endroit.

(Il se retourne comme pour se déculotter.)

CADET-ROUSSEL, à Dagobert.

Air : *On va lui percer le flanc.*

Ce serait inconvenant,
Devant
Mes enfants
Et tant d'autres gens ;
Nous avons en ce moment
Bien autre chose à faire !
Voyez ce militaire ;
Il nous faisait la guerre
Pour séduire mon enfant

TOUS.

V'li ! v'lan ! rantamplan,
Tire lir ramplan !

DAGOBERT.

A son amour insolent
Je saurai mettre un terme.
Soldats... tenez-le ferme !
J'ordonne qu'on l'enferme !...

(D'un ton bonhomme.)

Dans le grenier seulement.

(La Tulipe sort avec les soldats par le fond pendant le
chœur qui suit.)

TOUS.

V'li ! v'lan ! rantamplan,
Tire lir ramplan !

DAGOBERT.

Et maintenant, mes enfants,
Il faut boire à plein verre !
La table sait me plaire,
Et j'y pourrai, j'espère,

(Parlant de sa culotte.)

Retourner ce vêtement.

TOUS.

V'li ! v'lan ! rantamplan,
Tire lir ramplan !
Allons nous mettre gaiement
A table pour lui plaire.

(Reprise du chœur. Sortie burlesque en dansant et en
formant un double cercle. Ils rentrent chez madame
Grégoire. Cadet-Roussel et Dagobert ouvrent la
marche ; puis, Dumollet et Annette, Guilleri et
Fanchon, Gribouille et Colinette, M. et madame
Denis, et les autres invités. — Rideau.)

FIN DU PREMIER ACTE.

ACTE DEUXIÈME.

Le jardin du cabaret de madame Grégoire; à droite, du premier au deuxième plan, le cabaret; au troisième plan, un bosquet; un peu en avant du bosquet, un puits. A gauche, vis-à-vis du cabaret, une grange avec une fenêtre au haut de laquelle est une poulie pour monter du foin.

SCÈNE I.

Au lever du rideau, tous les personnages sont en place pour la contredanse dans l'ordre suivant : à gauche, FANCHON, GRIBOUILLE, LA MEU-NIÈRE, M. DENIS, MADAME GRÉGOIRE, LE CHEF DES GARDES ; à droite, GUILLERI, COLINETTE, DUMOLLET, ANNETTE, CADET-ROUSSEL, LA BOULANGÈRE; LES AUTRES PERSONNAGES DE LA NOCE, des deux côtés, à la suite et se faisant vis-à-vis; LA TULIPE, dans le grenier.

CHŒUR, en faisant la chaîne des dames.

Air de la *Monaco*.

A la monaco
L'on chasse,
L'on déchasse !
A la monaco
L'on chasse comme il faut !

LA TULIPE, à la fenêtre du grenier.

Morbleu! j'enrage !
Ah! c'en est trop !

DUMOLLET, parlant de La Tulipe, qu'il désigne.

L'oiseau, là-haut,
Peut chanter dans sa cage.

GUILLERI, de même.

Qu'on recommence,
Pour le braver.

FANCHON, à part, de même.

Moi, si je danse,
C'est pour le sauver.

REPRISE, en dansant et en traversant, de sorte que les dames se trouvent toutes à gauche.

LA TULIPE.

Je m'exaspère,
Finirez-vous!

GRIBOUILLE.

Comme des fous
Rions de sa colère.

GUILLERI.

En place! en place!

DUMOLLET, montrant Fanchon à La Tulipe.

Tiens, la voilà,
Et je l'embrasse...

FANCHON esquive son baiser et le soufflette.

Et recevez cela...

REPRISE.

A la monaco, etc.

LA TULIPE, furieux. Ah! vous ne voulez pas

finir... Eh bien! tenez, (Il lance sur la scène une botte de foin.) tenez, (Même jeu.) tenez!... (Même jeu.)

TOUS, en se sauvant. Ah! mon Dieu !

CADET-ROUSSEL. Militaire, ça ne se fait pas... soyez bon enfant. (Il reçoit une botte de foin sur le dos.)

LA MÈRE MICHEL, dans le cabaret. Au secours! à la garde! à l'assassin !

TOUS. Qu'est-ce que c'est que ça? (M. Denis, pendant le tumulte, a pris les bottes de foin et les a jetées au pied du mur de la grange.)

SCÈNE II.

LES MÊMES, MÈRE MICHEL, paraissant à la fenêtre du cabaret.

CADET-ROUSSEL.

Air : *C'est la mère Michel*.

C'est la mèr' Michel..

MÈRE MICHEL, à la fenêtre du cabaret.

J'ai perdu mon chat !

Un chat dont pour cent sous je v'nais de faire
[achat.

C'était le roi des chats, c'était l' pacha des chats;
Pour retrouver mon chat, cessez vos entrechats.

GUILLERI, sous la fenêtre. Mais qu'est-ce qu'il est devenu, vot' Minet?

MÈRE MICHEL. J'n'en sais rien, mais vous m'en répondez, et, si vous ne le retrouvez pas, je vous mords.

CADET-ROUSSEL. Voyons, voyons, mère Michel, calmez-vous, vot' chat n'est pas perdu... nous allons nous mettre à la recherche du fugitif... que tout le monde se disperse et qu'on cherche partout.

Air : *A boire, à boire* (des Danaïdes).

CHŒUR.

Eh! vite!
Eh! vite!
Eh! vite!
Arrêtons tous avec ardeur
La fuite,
La fuite,
La fuite,
D'un déserteur.

FANCHON, qui, pendant le chœur, a passé à droite avec Colinette et Annette, à part, à ses sœurs.

Pour que mon chagrin se dissipe,

Et pour délivrer La Tulipe,
Concertons-nous...
GUILLERI, GRIBOUILLE, DUMOLLET, du côté opposé,
et parlant de La Tulipe.
En observation,
Plaçons-nous là, craint' de désertion!
ANNETTE ET COLINETTE, à Fanchon, qui leur par-
lait bas.
Bravo! très bien!
GUILLERI, GRIBOUILLE, DUMOLLET.
Tous trois en faction.
(Ils se sont armés : Guilleri de son fusil, Dumollet
d'une fourche, et Gribouille d'un fléau. La noce sort
par toutes les issues.)

REPRISE.
Eh! vite! etc.

ooooooooooooooooooo ooooooooooo oooooooo oooooooooo

SCÈNE III.

GUILLERI, GRIBOUILLE, DUMOLLET, puis
COLINETTE, FANCHON, ANNETTE.

GUILLERI. Encore si nos contrats de mariage
étaient signés, je n'aurais pas si peur des soldats!

DUMOLLET. C'est la faute du roi Dagobert,
qui, au moment de la signature, s'est trouvé
trop guilleret.

GRIBOUILLE. On a été obligé de l'emporter
de table.

GUILLERI. Quel vieux pochard!

DUMOLLET. N'importe! nous lui avons fourni
des fonds pour son dernier emprunt et sa dernière culotte... il nous protège, et... mais ne
causons pas sous les armes, c'est défendu.

COLINETTE, sortant du bosquet. Impossible de
le délivrer, ils restent là.

FANCHON, de même. Il faut, à tout prix, les
éloigner.

ANNETTE, de même. Sois tranquille... Ton
Guilleri ne se méfie pas de moi, et je me charge
de lui faire quitter sa faction... (Elle disparaît
avec précaution par le fond. Colinette et Fanchon rentrent par le bosquet.)

GRIBOUILLE. Saperlotte, mais le temps n'est
pas sûr.

DUMOLLET. C'est vrai, on dirait qu'il veut
pleuvoir.

GUILLERI. Ça m'est égal, je ne quitte pas
mon poste.

DUMOLLET, dirigeant sa fourche vers le grenier.
Moi d'abord, si le prisonnier met le bout de
son nez dehors, je l'enfourche.

GRIBOUILLE, dirigeant son fléau vers le grenier.
Et moi, je deviens son plus cruel fléau.

GUILLERI, dirigeant son fusil vers le grenier. Et
moi je l'abats comme une perdrix... mais ne
ne causons pas sous les armes, c'est défendu.

(On entend derrière la coulisse une imitation du chant

de la perdrix.) Hein? ce *kirrouite!* que j'entends... mais ce sont des perdrix, ça?..

ANNETTE, rentrant du fond et allant à Guilleri.
Ah! monsieur Guilleri, moi qui cherchais un
chasseur, et vous qui êtes si adroit!.. venez
vite, venez vite.

GUILLERI. Quoi donc? Est-ce qu'il y aurait
une compagnie...

ANNETTE. De perdrix?.. Oui, plus de deux
cents, ici, tout près, et qui vous attendent.

GUILLERI. Et qui m'attendent!.. (Aux deux autres.) Veillez bien sur le prisonnier. (A Annette.)
Vous dites ici près?

ANNETTE. Oui, dans un carré de choux.

GUILLERI. Merci bien, belle-sœur, je vais
aller chercher les perdrix aux choux.

ANNETTE. Surtout, attrapez-les.

GUILLERI. Moi!.. On voit bien que vous ne
me connaissez pas.

Air : *Toto, Carabo.*
Je suis un petit homme
Qu'on appell' Guilleri,
Carabi !
Je m'en vais à la chasse,
A la chasse aux perdrix,
Carabi !
Toto,
Carabo !
Marchand de caraba,
Compère Guilleri!
Rien qu'en me voyant (*bis.*)
Les perdrix vont mouri.

(Annette sort avec Guilleri, en lui désignant du geste
l'endroit où sont censément les perdrix.)

GRIBOUILLE. Comment! il s'en va?

DUMOLLET. Il nous quitte?

FANCHON, reparaissant dans le bosquet. Et d'un !
(A Colinette qui reparaît aussi.) A ton tour maintenant. (Elle sort.)

ooooooooooooooooooooooooooooooooooooooooooooooooooooo

SCÈNE IV.

GRIBOUILLE, COLINETTE, DUMOLLET.

GRIBOUILLE, un peu effrayé. Il s'en va avec
son fusil! mais c'est très bête ça; nous n'avons
plus d'armes à feu.

DUMOLLET, avec fanfaronnade. Rassurez-vous,
Gribouille, je vous reste... et avec moi... (Il
descend sur le devant de la scène.)

COLINETTE, parlant à la cantonade comme si elle
répondait à quelqu'un. Oui, Monsieur, si je trouve
monsieur Dumollet, je vous l'envoie.

DUMOLLET, à lui-même. Dumollet!.. qu'est-ce
qui demande Dumollet?

COLINETTE, allant à Gribouille. Ah! bonjour,
mon petit Gribouille... Vous n'auriez pas ren-
contré par hasard monsieur Dumollet? (Gri-

bouille l'indique du geste ; allant à Dumollet.) Tiens !
le voici ! quelle chance ! C'est un homme tout
habillé de noir qui vous cherche... Vous ne
l'avez donc pas vu?

DUMOLLET. Non.

COLINETTE. Il arrive de Saint-Malo, où votre
oncle, qui est horloger, vient d'aller... *ad pa-
tres.*

DUMOLLET. Si loin que ça !.. il est mort?

COLINETTE. Oui, et si vous ne courez pas
tout de suite, vous perdrez votre part d'héritage, vingt-cinq mille francs de pendules.

DUMOLLET. Vingt-cinq mille francs de pendules !

COLINETTE. Avec leur balancier,

DUMOLLET. Avec leur balancier ! Ah ! je ne
balance plus ! (Fausse sortie.) Et cependant, ma
future...

COLINETTE. Oh ! Annette vous attendra, elle
aime les pendules.

DUMOLLET. Ah ! tant mieux ! je pars bien vite.

COLINETTE.

Air : *Bon voyage, monsieur Dumollet.*

Bon voyage,
Monsieur Dumollet,
A Saint-Malo débarquez sans naufrage !
Bon voyage,
Monsieur Dumollet,
Et revenez si le pays vous plaît.

DUMOLLET.

Pourtant, ma chère, il me prend des scrupules.

COLINETTE.

N'hésitez pas...

DUMOLLET.

Au fait, pour mon bonheur,
J'dois prendre garde au mouv'ment de mes
[pendules,
Sans prendre garde aux mouvements de mon
[cœur.

REPRISE, ENSEMBLE.

Bon voyage, etc.
En voyage,
Cher Dumollet,
A Saint-Malo débarque sans naufrage !
En voyage,
Cher Dumollet,
Tu reviendras si le pays te plaît.

(En sortant avec Colinette il dit à Gribouille : Veillez bien sur le prisonnier.)

SCÈNE V.

GRIBOUILLE, puis FANCHON.

GRIBOUILLE. Comment, v'là que j'reste seul,
et v'là des grosses gouttes d'eau qui tombent !
Ah ! sapèrlote ! mais il va pleuvoir à verse, et
je n'ai pas le moindre parapluie. (Ici la pluie
tombe avec force.) Allons, bon, v'là le nuage qui
crève... Infortuné Gribouille ! où me cacher
pour éviter l'eau?.. Ah ! ce puits ! (Il se jette
dans le puits. Fanchon, qui sort du cabaret, aperçoit ce
mouvement)

FANCHON, allant au puits et courant au fond du
théâtre. Ciel ! Gribouille qui se noie !... Au secours ! au secours !

SCÈNE VI.

FANCHON, GRIBOUILLE, dans le puits ; LA
NOCE ; puis LA TULIPE.

CHŒUR.

Air : *Ah ! le bel oiseau.*

Ciel ! on appelle au secours !
Quelle aventure nouvelle !
On menace donc ses jours,
Pour qu'on appelle
Au secours !

M. DENIS, accourant.

Qu'arrive-t-il de nouveau?

FANCHON.

Gribouille, dans sa folie,
Vient de se jeter dans l'eau
Afin d'éviter la pluie.

LES INVITÉS, CADET-ROUSSEL ET M. DENIS,
regardant dans le puits.

Vite ! il faut le repêcher !
Déjà Gribouille
Se mouille.
Et tous de le repêcher
Nous devons nous dépêcher.

CADET-ROUSSEL.

Le voilà, nous le tenons !

M. DENIS.

Il vient de saisir la corde !

TOUS.

Courage ! tirons ! tirons !

(Au moment où ils ont remonté Gribouille, et qu'on
voit sortir sa tête du puits, on entend La Tulipe,
qui vient de reparaître à la fenêtre, s'écrier, en
apercevant Fanchon :)

LA TULIPE.

Fanchon !

TOUS, regardant La Tulipe, et lâchant la corde.

Ah !

GRIBOUILLE, en retombant.

Miséricorde !

TOUS, reprenant la corde.

Vite ! il faut le repêcher ! etc.

(Gribouille est remonté de nouveau, mais à la fin du
chœur il manque de retomber dans le puits, Cadet-
Roussel le rattrape.)

CADET-ROUSSEL. Il y retourne !

TOUS. Le voilà ! le voilà !

GRIBOUILLE, *sortant du puits.* Oh! mes amis, je dégoutte... je dégoutte... je suis tout dégouttant.

LA TULIPE, *à lui-même.* Gribouille!

FANCHON, *à Gribouille.* Il faut que vous changiez d'habits.

GRIBOUILLE. Oui, je crois que je ne ferai pas mal de... de... (*Éternuant.*) Atchi!...

Même air.

V'là que j' m'enrhume, sapristi!
Faut pourtant qu' tout ça finisse,
D' moi qu' pourra-t-on dire!...
       (*Éternuant.*)
             Atchi!

LA TULIPE, *à Gribouille.*
On dira... Dieu vous bénisse!

TOUS, *font un grand mouvement de colère en indiquant* La Tulipe, *puis reprennent en chœur :*
On vient de le repêcher,
Quelle aventure nouvelle!
On vient de le repêcher,
Il doit aller se sécher.

(*Tous sortent en emmenant Gribouille dans le cabaret de madame Grégoire; Fanchon se dispose à rester pour aller vers La Tulipe; Cadet-Roussel s'en aperçoit et la fait rentrer.*)

CADET-ROUSSEL, *à Fanchon.* Allons! allons! Mademoiselle... qu'est-ce que c'est? Voulez-vous bien vite venir!

∞∞∞∞∞∞∞∞∞∞∞∞∞∞∞∞∞∞∞∞∞∞∞∞∞∞∞∞∞∞∞∞∞∞∞∞∞∞

SCÈNE VII.

LA TULIPE, *à la fenêtre du grenier, puis* FANCHON.

LA TULIPE. Jusqu'à Fanchon qui m'abandonne! mais mille noms d'un nom!... (*D'une voix affaiblie.*) Je meurs de faim et d'amour.

Air : *Lorsque, dans une tour obscure*

    (de Richard Cœur-de-Lion.)
Dans une grange obscure,
Un soldat qu'a besoin,
Gémit, n'ayant qu' du foin
Pour toute nourriture...

(*Pendant les quatre vers qui précèdent, Fanchon est sortie du cabaret; elle regarde partout pour ne pas être surprise; elle porte une corbeille de provisions.*)

FANCHON, *à La Tulipe.*
Courage, mon petit bichon!
      LA TULIPE.
O ciel! c'est la voix de Fanchon!

      ENSEMBLE.

      FANCHON.
Plus d'ennuis, de souffrance;
Ami, compte sur moi,
Renais à l'espérance,
L'amour veille sur toi!

      LA TULIPE.
Plus d'ennuis, de souffrance;
Heureux amant, je doi
Renaître à l'espérance,
Fanchon veille sur moi.

FANCHON. Allons, allons, Monsieur, venez vite m'embrasser.

LA TULIPE. Comment! t'embrasser! mais pour que je me jette dans tes bras, faut que je me jette par la fenêtre.

FANCHON. Ah! c'est juste! pauvre garçon!... attends, je vois une échelle!...
      (*Elle va la prendre.*)
LA TULIPE. Une échelle!... je suis sauvé!

FANCHON, *en posant l'échelle contre le mur.* Là, me voilà...

LA TULIPE. Dieu! que t'es gentille!

FANCHON, *reprenant sa corbeille et en montant.* Oui, je suis gentille, mais v'là l'échelle posée, et à présent, je me risque.

LA TULIPE. Ne lâche pas la rampe!

FANCHON. Ni le panier non plus.

LA TULIPE. Tiens! mais c'est vrai, t'as un' panier de provisions!... Oh! comme ça tombe!

      FANCHON, *sur l'échelle.*

Air de *Fanfan La Tulipe.*
Dans cette prison atroce,
Pour dissiper tes ennuis,
Je t'apporte d' mon r'pas d' noce
Les morceaux les plus exquis.
J' veux qu' mon cher amant participe
Aux délices d'un bon repas.
      (*Elle lui tend la corbeille.*)
LA TULIPE, *se penche et ne peut l'atteindre.*
Al'onge le bras.
      FANCHON, *essayant.*
      Je n' peux pas.
      LA TULIPE, *de même.*
Fais encor
Un effort
Et j' l'agrippe!...
      FANCHON.
L'échelle est trop court', La Tulipe,
Ne te pench' pas tant
En avant!
      ENSEMBLE.
L'échelle est trop court', etc.
      LA TULIPE.
L'échelle est trop court', nom d'une pipe!
Que c'est vexant
Pour un gourmand!
FANCHON, *descendant de l'échelle.* Impossible... faut y renoncer... (*Elle pose à terre sa corbeille.*)
LA TULIPE. Y renoncer!...

      Même air.

Mais pour que ma faim s'apaise,
Tâche au moins d' m'indemniser!

Ah! Fanchon, que je s'rais aise
De t' ravir un doux baiser.
    FANCHON, remontant l'échelle.
J' vais tâcher, mon cher La Tulipe,
Bien qu' ce soit doublement m'exposer.
    LA TULIPE.
Un petit effort,
Monte encor
Et c' baiser je l'agrippe...
(Il saisit les mains de Fanchon pour l'aider à monter jusqu'à lui, mais tous deux ne peuvent s'embrasser que dans le vide, empêchés qu'ils sont par la distance qui les sépare.)
    FANCHON.
L'échelle est trop court', La Tulipe, etc.
    ENSEMBLE.
L'échelle est trop court', etc.
    LA TULIPE.
L'échelle est trop court', nom d'une pipe!
Que c'est vexant
Pour un amant!
(Pendant cette dernière reprise, Annette paraît au fond, et appelle en dehors.)
    ANNETTE. Par ici, par ici!
    LA TULIPE. Que vois-je?... Larissolle et Sans-Quartier!
    FANCHON, descend de l'échelle. Ils viennent à notre aide.

∞∞∞∞∞∞∞∞∞∞∞∞∞∞∞∞∞∞∞∞∞∞∞∞∞∞∞∞∞∞∞∞ ∞∞∞∞∞∞∞∞ ∞∞

SCÈNE VIII.

LES MÊMES, ANNETTE, LARISSOLLE,
SANS-QUARTIER, COLINETTE.

    ANNETTE, au fond. La Tulipe est prisonnier dans la grange!
    LARISSOLLE, accourant. Corbleu!
    SANS-QUARTIER, de même. Morbleu!
    LA TULIPE. Amis, faites-moi la courte-échelle.
    LARISSOLLE, allant se mettre le long du mur. Présent! Allons, Sans-Quartier, grimpe là-dessus.
    (Il lui présente ses deux mains comme marchepied.)
    SANS-QUARTIER, prêt à poser le pied sur les mains de Larissolle. Voilà!
    CADET-ROUSSEL, dans l'intérieur du cabaret. Vous êtes des clampins, allez vous promener!
    FANCHON. Ciel! mon père!
    ANNETTE et COLINETTE. Sauvons-nous!
    (Elles se sauvent toutes trois.)
    LARISSOLLE. Diable!... impossible devant lui...
    SANS-QUARTIER. Il ne fera peut-être que passer... cachons-nous.
    (Ils vont se cacher derrière la clôture)
    LA TULIPE, avant de quitter la fenêtre. Saprelotte, que je bisque!
    LARISSOLLE. Le voilà, silence.

∞∞∞∞∞∞∞∞∞∞∞∞∞∞∞∞∞∞∞∞∞∞∞∞∞∞∞∞∞∞∞∞∞∞∞∞ ∞∞∞∞∞∞∞∞∞ ∞∞

SCÈNE IX.

LES MÊMES, CADET-ROUSSEL; il est ivre; il porte une bouteille sous le bras et deux autres dans ses poches.

    CADET-ROUSSEL, à la cantonade. Je vous réponds du prisonnier... je ferai sentinelle tout seul.
    LES SOLDATS. Diable!
    CADET-ROUSSEL. A-t-on jamais vu des imbéciles comme ça... je leur dis que je vais me mettre en patrouille, et y m' répondent que j' suis gris. (Riant.) Eh! eh! eh! comme si on n'avait jamais vu une patrouille grise... Je le garderai tout seul vot' prisonnier, entendez-vous, tas d' jobards... tas d' nigauds... et en le gardant, je me rafraîchirai... C'est drôle tout d' même! v'là trois heures que je me rafraîchis, et on dirait que ça m'échauffe... Où donc qu' j'ai mis mes trois bouteilles? (En cherchant dans ses poches il s'incline de façon que la bouteille qu'il a sous le bras se vide dans le verre qu'il tient à la main; il sourit avec satisfaction.) Ah! les voilà!

    Air : *Encore un baiser, Claudine.*

Je change d'hypocrène,
Et pour flatter mon goût,
Chaque bouteille est pleine...
Et je veux boire tout...
    (Il boit. — Même jeu pour se verser à boire.)
Encore un p'tit coup d' suresne,
Encore un p'tit coup...
    (Il boit.)
(Riant.) Eh! eh! eh! c'est singulier, plus je bois, plus j'ai soif : c'est l' suresne qui n' me vaut rien... heureusement j'ai fait mes provisions... (Tout en chancelant il dépose sa bouteille à terre dans un coin, puis il en tire une autre de sa poche.) Oh! c'est du nanan, c'est du chenu!

    Même air.

Sans perdre la vergogne,
J'ai déjà bu beaucoup,
Je sens rougir ma trogne,
D' mon nez je n' vois plus l' bout.
Encore un p'tit coup d' bourgogne,
Encore un p'tit coup!
(Pendant ce couplet il s'est versé à boire plusieurs fois et se débarrasse de sa bouteille, comme précédemment.)
Tiens !... v'là que l' bourgogne me fait un autre effet... tout à l'heure j'avais soif, maintenant v'là qu' j'ai sommeil... c'est que l' bourgogne ne m' vaut rien non plus... Ah! c'est drôle... tout tourne, tout tourne... j'ai bien mal à la tête... (Il trébuche et se trouve près le mur de la grange où, en les piétinant, il aperçoit les bottes de

foin.) Tiens ! des bottes de foin... si je me cou-
chais là !... en v'là un bon moyen pour empê-
cher le prisonnier de s'évader ! (Il se laisse aller
sur le foin.) Oui, mais il ne s'agit pas de m'en-
dormir : vite ma troisième bouteille. (Il est alors
assis, le dos appuyé contre le mur.)

Même air.

Du sommeil, qui me gagne,
Comment venir à bout ?
J'ai soif comme la campagne
Par un soleil d'août...
Encore un p'tit coup d' champagne,
Encore un p'tit coup.

(Il s'endort en fredonnant le refrain.)

LARISSOLLE, paraissant. Je n'entends plus rien.
SANS-QUARTIER, venant regarder. Il dort.
LARISSOLLE, écoutant et regardant. Il ronfle
même.
SANS-QUARTIER. Comment faire à présent?
TOUS DEUX, appelant. La Tulipe?
LA TULIPE. Hein?... c'est vous!
LARISSOLLE. Impossible maintenant de te
faire la courte-échelle.
LA TULIPE, montrant une corde. Un bien meil-
leur moyen, mes amis : la corde de cette
poulie que j'ai trouvée sous les bottes de foin.
LES DEUX SOLDATS. Fameux !... vite... (La
Tulipe passe la corde dans la poulie et en envoie le bout
à ses camarades; pendant ce temps Cadet-Roussel mar-
motte ou chantonne en rêvant.)
LA TULIPE, qui saisit l'autre bout de la corde. Mais
il faudrait un contre-poids.
LARISSOLLE. Attends ! cette botte de foin.
LA TULIPE. Ça ne sera pas assez lourd.
LARISSOLLE. La botte de foin, avec ce qu'il
y a dessus.
SANS-QUARTIER, riant. Eh ! oui, Cadet-
Roussel !...
CADET-ROUSSEL, pendant qu'on l'attache. Ah ! qu'
c'est bête ! Dagobert, vous me chatouillez !
SANS-QUARTIER, riant. Il rêve que Dagobert
le chatouille.
LARISSOLLE. Attends, attends, nous allons
rire... La Tulipe, laisse-toi glisser... et allez-y.
CADET-ROUSSEL, montant pendant que La Tulipe
descend. Ah! v'là que j' monte au ciel... je vois
des anges. (S'éveillant à moitié.) Ah ! qu'est-ce que
c'est qu' ça? voulez-vous me lâcher? (Les soldats maintiennent Cadet-Roussel en l'air.)

TOUS.

ENSEMBLE.

CADET-ROUSSEL.

Air de *Zanetta.*

Non, non, ce n'est pas un rêve,
Le fait n'est que trop réel.

Sans doute, le diable enlève
Le pauvre Cadet-Roussel.

SOLDATS.

Il croit faire un mauvais rêve,
Mais le fait est bien réel.
Pas de pitié, qu'on enlève
Le papa Cadet-Roussel !

CADET-ROUSSEL. Mais non, ce n'est pas le
diable, ce sont des soldats !... Messieurs, je
vous prie de vouloir bien me faire descendre.
Vous m'avez fait assez monter comme ça.
LA TULIPE. Tout à l'heure ; nous avons d'a-
bord quelque chose à vous conter.
CADET-ROUSSEL. A me conter... Messieurs,
je ne puis écouter vos contes... en l'air.
LA TULIPE. Pardon... vous écouterez. (A ses
amis.) Tenez bien, vous autres. (Il quitte la corde
et vient au milieu du théâtre.)
CADET-ROUSSEL. Oui, tenez bien, je vous en
prie.
LA TULIPE, à Cadet-Roussel, se posant. Monsieur ?
CADET-ROUSSEL, toujours suspendu en l'air. Monsieur?
LA TULIPE. Il m'est revenu que vous alliez
marier vos trois filles.
CADET-ROUSSEL. C'est vrai, monsieur... trois
filles très-bien élevées. . (A lui-même.) Ah! si
je pouvais donc descendre !...
LA TULIPE. Eh bien ! monsieur, je vous demande la main de mademoiselle Fanchon.
CADET-ROUSSEL. Certainement, monsieur ; je
suis trop au-dessus de... de... au-dessus des
préjugés pour refuser ma fille à un simple soldat... Je vous l'accorde si vous voulez la lâcher,
la corde.
LARISSOLLE. Permettez, permettez !... A ton
tour, La Tulipe. (La Tulipe prend la place de Larissolle, qui vient au milieu du théâtre remplacer La
Tulipe.) Monsieur ?
CADET-ROUSSEL. Monsieur ?
LARISSOLLE. J'ai aussi l'honneur de vous
demander mademoiselle Annette en mariage.
CADET-ROUSSEL. Comment donc, monsieur?
dès qu'Annette vous convient, ça me convient
encore plus. Maintenant, je vous serais obligé
de lâcher la ficelle.
SANS-QUARTIER. Un instant... Larissolle !
tiens ferme, mon vieux. (Même jeu entre Sans-
Quartier et Larissolle.)
LARISSOLLE. Voilà !
CADET-ROUSSEL. Oui, tiens ferme; son vieux...
SANS-QUARTIER. Monsieur ?
CADET-ROUSSEL. Monsieur ?
SANS-QUARTIER. Je me fais un devoir, à mon
tour, de vous demander la main de mademoi-
selle Colinette.
CADET-ROUSSEL. Monsieur, vous me com-

blez. (A lui-même.) Ils me comblent, ces soldats. (Ils le hissent de nouveau.) Ah! je touche aux combles... (A Sans-Quartier.) Je vous l'accorde, militaire.

Air : *Nous nous marîrons dimanche.*

Roi des bons enfants,
De mes trois enfants
Je vous promets la main blanche;
Leurs attraits charmants
Vous rendront contents
Comme l'oiseau sur la branche.
Je crois en vous ;
Votre âme à tous
Est franche.
Je sens qu'au fond
Pour vous trois mon
Cœur penche...
(Il fait le mouvement de se laisser tomber; puis se relevant.)
Nous somm's vendredi,
C'est demain sam'di,
Vous vous marîrez dimanche.

REPRISE.

LES SOLDATS.

Nous somm's vendredi,
C'est demain sam'di,
Nous nous marîrons dimanche.

SCÈNE X.

LES MÊMES; GUILLERI, voyant les soldats qui s'apprêtent à faire descendre Cadet-Roussel.

GUILLERI, du fond. Comment !... on veut faire évader le prisonnier. Ah! gueux ! (Il tire un coup de fusil dans le derrière de Cadet-Roussel; les soldats lâchent la corde.)

CADET-ROUSSEL, se frottant les reins. Ah! ciel !
GUILLERI, confus. Cadet !

SCÈNE XI.

LES MÊMES; TOUTE LA NOCE, *moins* LES FUTURS.

CHŒUR.

Air : *Toto, Carabo.*

Quel bruit se fait entendre !
Un coup de pistolet !
Q'est-ce que c'est?
CADET-ROUSSEL, courant et boitant.
Accourez me défendre.
GUILLERI, le suppliant.
Pardonnez-moi, Cadet.
C' que j'ai fâit.
CADET-ROUSSEL.
Non, c'est un forfait,
De moi c'en est fait !
TOUS.
Que vous a-t-il donc fait?
CADET-ROUSSEL, cessant de se frotter les reins et près de tomber.
Il a frappé ! il a frappé! il a frappé Cadet!
TOUS.
Il a frappé! il a frappé! il a frappé Cadet !
(Cadet tombe dans les bras de M. Denis, qui est derrière lui, au milieu de toute la noce; Guilleri, à genoux, lui tend les mains en le suppliant. — Tableau.)

FIN DU DEUXIÈME ACTE.

ACTE TROISIÈME.

Une chambre chez Cadet-Roussel : trois fenêtres, trois tables, trois chaises, trois coffres et trois portes dont l'une au fond, à droite; les autres, à droite et à gauche, près des fenêtres; la troisième fenêtre fait face au public; les trois fenêtres sont les trois grands coffres.

SCÈNE I.

SANS-QUARTIER, LA TULIPE, LARISSOLLE, COLINETTE, FANCHON, ANNETTE.

(Au lever du rideau, les soldats sont aux trois tables, assis sur les trois chaises; chacune des trois jeunes filles est assise sur le genou droit de son amant.)

LES SOLDATS.

Air : *Avec vous, sous le même toit.*

Avec vous, sous le même toit,
Qu'il est doux de passer sa vie !

LA TULIPE.
Loin de la grêle...
LARISSOLLE.
Loin du froid...
SANS-QUARTIER.
Loin de la neige et de la pluie !
LARISSOLLE.
Est-il un plus heureux destin
Que d' pouvoir, à table, ma chère,
(Chaque soldat passe la main autour de la taille de sa maîtresse.)
Tenir sa belle d'une main,

LA TULIPE.

Et de l'autre tenir son verre !

TOUS TROIS.

Tenir sa belle, etc.

FANCHON. Mais, monsieur Fanfan, vous buvez dans mon verre !

COLINETTE. Mais, monsieur Sans-Quartier, vous mangez dans mon assiette !

ANNETTE. Mais, monsieur Larissolle, c'est ma serviette que vous prenez là !

LA TULIPE. Dame ! c'est la faute de Cadet-Roussel ! Pourquoi n'a-t-il que trois verres, trois assiettes et trois serviettes ?

FANCHON, gaiement. Vous ne vous plaignez pas qu'il n'ait que trois chaises.

SANS-QUARTIER, de même. Ni que trois filles.

LARISSOLLE. C'est drôle tout d' même... tout ne marche que par trois chez Cadet-Roussel... trois fenêtres, trois portes, trois coffres...

SANS-QUARTIER. Qu'est-ce que c'est donc que ces trois coffres-là ?

ANNETTE. Il les a fait faire pour ses trois chats...

LA TULIPE. Il a trois chats aussi ?

COLINETTE. Et trois chiens.

SANS-QUARTIER. C'est charmant !... Allons, buvons !

LES SOLDATS. Buvez, ma belle.

ANNETTE, se levant et venant en scène ; Larissolle la suit. Non, non, je crains pour ma tête.

COLINETTE, de même. (Sans-Quartier vient à sa gauche.) Moi, pour mon cœur.

FANCHON, de même. (La Tulipe vient à sa gauche.) Et moi, pour ma tête et pour mon cœur.

LARISSOLLE. Bah ! il n'y a que le premier pas qui coûte !

Air du *Premier pas.*

Le premier pas se fait sans qu'on y pense !

SANS-QUARTIER.

Craint-on jamais ce qu'on ne prévoit pas !

LA TULIPE.

Heureux celui dont la douce éloquence,
En badinant fait faire à l'innocence

LES TROIS SŒURS.

Le premier pas ?

LES SOLDATS.

Le premier pas !

CHŒUR.

Le premier pas ! (*Bis.*)

FANCHON. En mariage, s'entend !

LA TULIPE. Ça va sans dire.

LARISSOLLE. Nom d'une pipe !

COLINETTE. Quel bonheur !

ANNETTE. Quelle joie !

LA TULIPE. Quelle félicité !

FANCHON. Tout à l'amour.

TOUS. Oui, oui, tout à l'amour !

Air : *C'est l'amour !*

C'est l'amour, l'amour, l'amour,
Qui fait le monde
A la ronde,
Et, chaque jour,
A son tour,
Le monde
Fait l'amour.

(Chaque soldat, pendant ce refrain, reconduit sa maîtresse à table, et la reprend sur le genou gauche.)

LARISSOLLE, à Annette.

Qui m'enhardit jusqu'à te prendre
Ce baiser,
(Il l'embrasse.)
       Baiser des plus doux ?

SANS-QUARTIER, à Colinette.

Qui te rend si belle et si tendre,
Et te retient sur mes genoux ?

LA TULIPE, à Fanchon.

Qui fait que La Tulipe,
Engagé sous ta loi,
Donn'rait jusqu'à sa pipe,
Pour un baiser de toi ?

TOUS.

C'est l'amour, etc.

(Ils embrassent chacun leur maîtresse.)

ooooooooooooooooooo ooooo ooooooooo oo oooooooooooo

SCÈNE II.

LES MÊMES, CADET-ROUSSEL.

CADET-ROUSSEL, entrant par la porte du fond. Mes trois nouveaux gendres !... ah ! tant mieux !

TOUTES, sans se déranger. Tiens ! papa !

LES SOLDATS, de même. Notre beau-père !

CADET-ROUSSEL, venant entre le couple de Fanchon et de Colinette. Non, mes gendres, non, mes filles, ne vous dérangez pas... vous savez que je suis bon enfant.

LARISSOLLE, sans bouger. Vous offrirai-je une chaise ?

CADET-ROUSSEL. Non, il n'y en a que trois... et ce n'est pas trop pour vous six... Et puis, j'ai des raisons pour ne pas m'asseoir.

LA TULIPE. Mais, dites-moi... vos anciens gendres, qu'est-ce que vous en avez fait ?

CADET-ROUSSEL. Je n'en ai rien fait du tout... mais c'est Guilleri qui m'a fait quelque chose.

LARISSOLLE, gaiement. Ah ! oui, nous le savons.

CADET-ROUSSEL. Je suis piqué au vif... Mais, dites-moi, si vous voulez que vos trois noces se fassent aujourd'hui, je vous conseille de vous hâter.

LA TULIPE, se levant, ainsi que tous les autres. C'est aussi mon avis, et nous allons prévenir madame Grégoire qu'elle ait à recommencer le repas de noce.

LARISSOLLE. Ensuite, nous irons nous bichonner.

SANS-QUARTIER, à Cadet-Roussel. Et vous, vous irez prévenir le tabellion.

LES JEUNES FILLES, en emportant leurs tables, qu'elles déposent dans les chambres à droite à et gauche. O bonheur!

LA TULIPE, à Cadet-Roussel. Ah! papa beau-père, en faveur de la circonstance, permets-nous, je t'en prie, de vous tutoyer.

(Il lui porte une botte avec la main.)

CADET-ROUSSEL, gaiement. Vous me faites trop d'honneur.

(Sans-Quartier lui porte également une botte. Les jeunes filles reviennent en scène, près de leurs amoureux. Les personnages sont placés ainsi qu'il suit : Sans-Quartier, Colinette, Cadet-Roussel, Fanfan la Tulipe, Fanchon, Annette, Larissolle.)

LA TULIPE, à Cadet.

Air : *Giroflée, girofla.*

Que t'as de belles filles!
TOUS.
Giroflé, girofla!
LA TULIPE.
Parmi les plus gentilles,
J'ai choisi cell'-là.
(Il désigne Fanchon.)

LES JEUNES FILLES, aux soldats.
Revenez bien vite
Pour nous épouser.
LES SOLDATS.
Nous r'venons tout d' suite;
Mais, un p'tit baiser?
LES JEUNES FILLES, à Cadet. Faut-il?

CADET-ROUSSEL, gaiement. Oui, oui, mes enfants.

(Les soldats embrassent les jeunes filles; puis ils sortent par le fond.)

SCÈNE III.

COLINETTE, CADET-ROUSSEL, FANCHON, ANNETTE.

LES JEUNES FILLES, le câlinant. Ah! papa, que vous êtes bon!... que vous êtes gentil!...

CADET-ROUSSEL. Oui, oui, Cadet-Roussel est bon enfant, c'est connu... mais vous en abusez un peu... ô mes trois filles!... je me conduis comme un rien du tout envers Gribouille et Dumollet... je ne parle pas de Guilleri...

ANNETTE. Mais, papa, c'est pour notre bonheur.

CADET-ROUSSEL. A la bonne heure!

COLINETTE. Et puis, franchement, est-ce qu'ils étaient bien gentils, vos gendres?

CADET-ROUSSEL. Non, non, je dois en convenir... celui surtout qui a... (Faisant un geste qui indique une grande bouche et un nez épaté.) Il est affreux!

FANCHON. Tandis que nos trois soldats, braves, beaux, bien faits...

CADET-ROUSSEL. Il est certain qu'ils sont plus beaux, plus braves et mieux faits que... Cependant Dumollet...

LES JEUNES FILLES. Ah! papa!...

DUMOLLET, GRIBOUILLE, GUILLERI, du dehors. C'est affreux! c'est épouvantable!

CADET-ROUSSEL, remontant. Ciel!... j'entends leurs trois voix!

COLINETTE, FANCHON, ANNETTE, le suppliant. N'allez pas faiblir, au moins!

CADET-ROUSSEL, revenant en scène avec elles. Moi faiblir!... ah! ah! par exemple!

SCÈNE IV.

COLINETTE, FANCHON, ANNETTE, CADET-ROUSSEL, DUMOLLET, GRIBOUILLE, GUILLERI.

DUMOLLET, dont les mollets sont déchirés, à Cadet-Roussel. Ah! vous voilà!

GRIBOUILLE. C'est donc vous... (Grimaçant comme pour éternuer.) Vous... vous... qui... qui... (Il éternue.) Atchi!

GUILLERI. Ah! vous me reprenez Fanchon!... Eh bien, je ne regrette pas le coup de fusil que je vous ai tiré.

CADET-ROUSSEL. Ah! le gueux! (A Dumollet.) Tiens, qu'est-ce que vous avez donc aux jambes, vous?

DUMOLLET, regardant piteusement ses mollets. Ah! j'arrive de Saint-Malo... où votre fille m'avait envoyé. (Cadet et ses filles rient.) Ah! vous riez... ah! vous accordez la main de vos filles à des soldats... eh bien, tremblez!... nous sortons de chez le roi Dagobert...

GUILLERI. Nous venons de lui demander justice.

GRIBOUILLE. Oui, nous venons de lui demander jus... jus... justice... (Il éternue.) Atchi!

CADET-ROUSSEL, à lui-même, parlant de Gribouille. Est-il affreux!

DUMOLLET. Et dans cinq minutes, il viendra ici vous déclarer lui-même que, si ces soldats épousent vos filles, ils seront fusillés dans les vingt-quatre heures, et que si vous, Cadet-Roussel, consentez à ces mariages; vous serez immédiatement pendu!

CADET-ROUSSEL, faisant un soubresaut. Pendu!..

2

Mais je sors de l'être, pendu... je passerai donc ma vie au bout d'une corde!

GUILLERI. Oui, pendu, pour vous apprendre à inviter le roi à des noces pour rire...

CADET ROUSSEL. Mais c'est affreux!

FANCHON. Eh bien! c'est égal, nous les épouserons tout de même.

COLINETTE ET ANNETTE. Oui, nous les épouserons.

CADET-ROUSSEL. Mais, malheureuses, réfléchissez donc que, si vous épousiez ces soldats, vous ne seriez pas mariées, puisque vous seriez veuves; et que moi, votre père, si je suis pendu, je ne serai plus bon enfant.

LES JEUNES FILLES, en pleurant.

Air : *Ah! ah! ah! qu'est-ce qu'on dira!*

Ah! ah! ah! ah! ah! ah! ah! ah! ah!
    Qu'est-ce qu'aurait dit ça?
        Dieu, quelle
      Terrible nouvelle!
Ah! ah! ah! ah! ah! ah! ah! ah! ah!
    Qu'est-ce qu'aurait dit ça?
    Le roi d'vait-il se mêler d'ça?

CADET-ROUSSEL, pleurant aussi, et étanchant avec son mouchoir ses larmes et celles de ses filles.
    Mes enfants, calmez vos peines...

LES JEUNES FILLES.
    Quelle désolation!

CADET-ROUSSEL, de même.
    Ce n'sont plus mes trois fill's, non,
    Ce sont trois bornes-fontaines.

LES JEUNES FILLES.
Ah! ah! ah! etc.

(Cadet-Roussel tord son mouchoir, d'où s'échappe une certaine quantité d'eau.)

CADET-ROUSSEL, prenant une subite résolution. Aux grands maux, les grands remèdes!... (Aux hommes.) Messieurs, je n'y vais pas par quatre chemins, je vous redemande vos trois mains pour mes trois filles.

DUMOLLET, GRIBOUILLE, GUILLERI, ensemble. Certainement!... comment donc!... trop heureux!

FANCHON. Eh bien! non!

COLINETTE. Plutôt mourir!

ANNETTE. Nous nous révoltons!

TOUTES TROIS. Oui, nous voulons épouser nos soldats.

CADET-ROUSSEL. Ah! vous voulez que je sois pendu!... Eh bien! moi, je ne veux pas l'être... (Aux hommes.) Emparez-vous de vos futures et suivez-moi; nous allons les enfermer dans mes trois caves. (Les jeunes filles veulent se sauver, leurs futurs les poursuivent; Cadet-Roussel s'empare d'une chaise.)

LES JEUNES FILLES, se récriant. Nous enfermer!

CADET-ROUSSEL, tendant sa chaise à Dumollet. Ah! un instant!... Emportez les trois chaises, ça leur servira à asseoir leurs idées.

LES FUTURS, les entraînant et prenant les chaises.

Air : *La belle Bourbonnaise.*

Venez, Mesdemoiselles,
Les caves sont très belles;
Vous nous y s'rez fidèles,
Vous nous y s'rez fidèles,
Fidèl's jusqu'au trépas.

LES JEUNES FILLES, résistant en pleurant.
Joli moyen d' nous plaire!
Mais bientôt, je l'espère,
Nos amants en colère
Vous coup'ront jambes et bras.

ENSEMBLE.
Ah! ah! ah! ah! ah! ah! ah! ah!

(Cadet-Roussel sort, suivi de Dumollet entraînant sa future, puis de Gribouille entraînant la sienne, puis de Guilleri entraînant Fanchon; ils emportent les trois chaises. Cette sortie se fait par la porte à droite.)

SCÈNE V.

MADAME GRÉGOIRE, puis CADET-ROUSSEL.

MADAME GRÉGOIRE, appelant du dehors. Monsieur Cadet-Roussel! monsieur Cadet-Roussel! (Entrant par la porte du fond.) Tiens! personne! où qu'il est donc? faut pourtant que je le voie pour les trois repas de noce. C'est-y heureux tout d'même, que ses trois filles épousent les trois militaires! ça fait que nos amoureux nous reviendront... C'est pas que j'y tienne physiquement, mais Dumollet est riche, et si j' l'épousais, j' pourrais aller m'établir cabaretière à Saint-Malo, où que les mollets de mon mari sont en réputation... je prendrais pour enseigne : A MADAME DUMOLLET... Je suis sûre que ça piquerait la curiosité des consommateurs.

CADET-ROUSSEL, en dehors. Non, mes trois gendres, non, vous ne resterez pas dans mes trois caves avec mes trois filles; ça serait inconvenant. (Il entre en scène.)

MADAME GRÉGOIRE. Ah! voilà Cadet Roussel!

SCÈNE VI.

MADAME GRÉGOIRE, CADET-ROUSSEL, GRIBOUILLE, GUILLERI, DUMOLLET.

GUILLERI. Mais, beau-père, c'était pour veiller sur elles.

MADAME GRÉGOIRE. Que vois-je?

CADET ROUSSEL. Tiens! c'est madame Grégoire.

MADAME GRÉGOIRE. Comment! est-ce que vos trois filles n'épousent plus les trois militaires?

LES FUTURS. Les militaires!...

DUMOLLET, avec menace. Ils n'ont qu'à se présenter...

GUILLERI, de même. Nous sommes là.

GRIBOUILLE, de même. Et s'ils viennent, je... je... je... atchi!

MADAME GRÉGOIRE. Comment!... c'est encore changé... et moi qui venais pour les trois repas de noce qu'ils viennent de commander.

CADET-ROUSSEL. Eh bien! madame Grégoire, nous allons en causer. Je vais vous accompagner chez vous, je suis bien aise de juger par moi-même... Messieurs, en mon absence, faites bonne garde... j'ai les trois clefs des trois caves, donc, pas de danger de ce côté-là : mais si les militaires se présentaient...

DUMOLLET. Soyez tranquille, beau-père.

GUILLERI, avec menace. Nous les recevrions...

CADET-ROUSSEL.

Air : *Garde à vous!*

Garde à vous! garde à vous!
Restez en sentinelles!
De mes trois demoiselles
Vous êtes les époux,
    Garde à vous!

TOUS.

Garde à vous! garde à vous!

MADAME GRÉGOIRE, à elle-même.

Ciel! il m'échappe encore!

GUILLERI.

Ces soldats que j'abhorre
Tomberont sous mes coups.

GRIBOUILLE, éternuant. Atchi!...

ENSEMBLE.

MADAME GRÉGOIRE, CADET-ROUSSEL.

Garde à vous! garde à vous!

LES FUTURS.

Oui, je le jure encore!
Ces soldats que j'abhorre
Tomberont sous nos coups!
    Garde à vous!

(Cadet-Roussel et madame Grégoire sortent par le fond.)

SCÈNE VII.

GRIBOUILLE, GUILLERI, DUMOLLET.

GUILLERI. Allons, Messieurs, c'est ici qu'il faut se montrer.

DUMOLLET. Certainement, c'est ici qu'il faut montrer du mollet..... (Se reprenant.) non, du toupet!

GRIBOUILLE. C'est ça, du toupet... (Par réflexion.) Quel malheur que je sois chauve!

GUILLERI. Si nos rivaux reparaissent, je les chasse comme des perdrix... et ma foi, bonsoir la compagnie.

DUMOLLET. Moi, je les provoque en duel.

GRIBOUILLE. A l'épée?

DUMOLLET. Non, à Saint-Ma'o! (Les deux autres rient.)

LES SOLDATS, fredonnant dans la coulisse.

Dans les gardes françaises, etc.

GRIBOUILLE, effrayé, remonte la scène, et regarde par fa fenêtre. Ciel! mais les voilà qui se dirigent par ici!

GUILLERI ET DUMOLLET, effrayés. Eux! où fuir?

GRIBOUILLE. Et ils ont des armes!... (Revenant en scène.) Si j'pouvais m'cacher dans le fourreau de leur sabre!

GUILLERI, cherchant un endroit pour se cacher. Et pas un arbre dans cette chambre! pas un seul arbre!...

DUMOLLET, même jeu et désignant le coffre de droite. Ah! un coffre!!

GRIBOUILLE ET GUILLERI, courant aux deux autres. Et un autre! (Ils se heurtent ensemble et tombent, puis ils se relèvent et chacun d'eux se précipite dans un coffre.)

DUMOLLET, dans le coffre, dont il soulève le couvercle. Ah! sapristi!

GRIBOUILLE, à gauche, même jeu. Ah! sacredienne!

GUILLERI, au fond-milieu, de même. Ah! sacrelotte!

DUMOLLET, même jeu. Qu'est-ce que c'est que ça?

GUILLERI, de même. Ah! gueux!

GRIBOUILLE, de même. Gredin!

DUMOLLET, de même. Il a cessé d'être!

GRIBOUILLE, de même. Il est trépassé.

GUILLERI, même jeu. Serait-ce un lièvre ou une perdrix!... (Montrant un chat au public.) La belle chasse! (Bruit au dehors.)

DUMOLLET. Les voici... ah!

(Tous trois jettent un cri, les trois couvercles retombent sur eux; on frappe à la porte.)

SCÈNE VIII.

LES MÊMES, cachés; SANS-QUARTIER, LA TULIPE, LARISSOLLE.

LARISSOLLE, du dehors, et frappant à la porte.

Air de la *Croisée.*

Holà! quelqu'un!...

SANS-QUARTIER, du dehors.
              Répondrez-vous?

LARISSOLLE.

Où se cachent nos bien-aimées?

LA TULIPE, du dehors.

Ouvrez, ouvrez, morbleu ! c'est nous.

SANS-QUARTIER.

Eh ! quoi ! les portes sont fermées ?

LARISSOLLE.

Pensent-ils arrêter nos pas ?

SANS-QUARTIER.

Marcherait-on sur nos brisées ?

LA TULIPE.

Si les portes ne s'ouvrent pas,
Entrons par les croisées.

(Il entre par la fenêtre du fond.)

TOUS.

Entrons par les croisées.

(Larissolle entre par celle de droite.)

SANS-QUARTIER entre par celle de gauche. Nous y voici !

(Les trois soldats sont en scène.)

LARISSOLLE. Personne !

LA TULIPE. Holà ! Cadet-Roussel !... Fanchon !
(Un petit judas s'ouvre au milieu du théâtre et l'on voit paraître Fanchon.)

FANCHON, vue de toute la hauteur de son buste. Qu'est-ce qui m'appelle ?

SANS-QUARTIER, appelant. Colinette ?
(Un autre judas s'ouvre à gauche, Colinette y passe également son buste.)

COLINETTE. Me voilà !

LARISSOLLE, appelant. Annette ?
(Un troisième judas s'ouvre à droite, Annette y passe aussi son buste.)

ANNETTE. Que me veut-on ?

ㅇㅇㅇ

SCÈNE IX.

LES FUTURS, dans les coffres, SANS-QUARTIER,
LARISSOLLE, LA TULIPE, COLINETTE,
FANCHON, ANNETTE, à leurs judas.

LA TULIPE, aux jeunes filles. Qu'est-ce que vous faites donc là ?

FANCHON. Comment ! c'est vous !

ANNETTE. Sauvez-vous bien vite...

SANS-QUARTIER. Nous sauver !

ANNETTE. Si vous ne voulez pas être fusillés.

LES SOLDATS. Fusillés !

FANCHON. Vous ne savez donc pas que le roi Dagobert veut que nous épousions vos trois rivaux !

ANNETTE. Et qu'il vous est défendu de nous épouser...

COLINETTE. Sous peine de la fusillade.

SANS-QUARTIER. Bigre !

LARISSOLLE. Fichtre !

LA TULIPE. Diable !

FANCHON. Après l'arrêt rendu, si vous res-
tiez nos prétendus, vous seriez perdus et notre père serait pendu.

LA TULIPE. Je reste confondu !

GUILLERI, soulevant le couvercle de son coffre. Les soldats !

(Même jeu de Gribouille et de Dumollet.)

SANS-QUARTIER. Mais qui donc vous a mises à la cave ?

COLINETTE. C'est Gribouille.

ANNETTE. C'est Dumollet.

FANCHON. C'est Guilleri.

LARISSOLLE. Les trois imbéciles ?...

LES FUTURS, à mi-voix. Hein ?

COLINETTE. Qui revont nous épouser.

SANS-QUARTIER. Morbleu !

LARISSOLLE. Mille bombes !

LA TULIPE. Où sont-ils, que je leur coupe les oreilles ? (Les coffres se referment bruyamment.)

SANS-QUARTIER. Hein ?

LARISSOLLE. Qu'est-ce que c'est ?

LA TULIPE. Rien, c'est le vent qui pousse les fenêtres.

SANS-QUARTIER. Et nous nous laisserions couper l'herbe sous le pied !

LARISSOLLE. Jamais !

LA TULIPE. Plutôt la mort !

LARISSOLLE, s'agenouillant pour leur parler de plus près. Ma gentille Annette !...

SANS-QUARTIER, de même. Ma petite Colinette...

LA TULIPE, de même. Mon adorable Fanchon...

FANCHON. Ah ! mon Dieu ! si l'on vous voyait...

LA TULIPE. Ça nous est égal !

Air : *Eh quoi ! nous n'irions plus aux champs !*

Eh quoi ! nous n'irions plus aux champs,
Tout gambadants,
Sautillants, frétillants !...

LES SOLDATS.

Eh quoi ! nous n'irions plus aux champs !
Nous saurons braver la défense.

LES JEUNES FILLES.

Prudence !
Constance !
Restez nos amoureux.
Et si le ciel comble nos vœux,
Plus tard, nous pourrons être heureux !

TOUS.

Et si le ciel, etc.

(Les futurs soulèvent le couvercle de leurs coffres.)

ENSEMBLE.

LES SOLDATS.

Eh quoi ! nous n'irions plus aux champs,
Tout gambadants, tout sautillants !...
Ah ! si le ciel comble nos vœux,
Plus tard (*bis*) nous pourrons être heureux !

Ah! c'est affreux! c'est odieux!
Oui, c'est affreux, odieux, scandaleux!
Oser en ces lieux, sous nos yeux,
Nous faire une semblable offense!
Prudence!
Constance!
Ah! c'est affreux! c'est odieux! etc.

LES JEUNES FILLES.

Nous voulons bien aller aux champs,
Tout gambadants,
Sautillants, frétillants,
Mais faut-il, pour aller aux champs,
Enfreindre du roi la défense!
Prudence!
Constance!
Restez nos amoureux, etc.

(Les futurs referment leurs coffres.)

DAGOBERT, du dehors. Allons, vilains, marchez devant moi.

LA TULIPE, se relevant. Ciel! le roi!

LES JEUNES FILLES. Ah! qu'il ne nous voie pas!

(Elles disparaissent; les soldats referment les judas.)

SANS-QUARTIER. Où nous cacher?

LARISSOLLE. Il y va de la fusillade, mille bombes!

LA TULIPE. Ah! ces coffres! vite, vite!

(Ils ouvrent les coffres, et aperçoivent leurs rivaux.)

TOUS. Ah!

(Une bataille s'engage dans les coffres. Sans-Quartier avec Gribouille, à gauche; Larissolle au milieu avec Guilleri; La Tulipe avec Dumollet, à droite. Au moment où les couvercles des coffres retombent sur les combattants, on entend Cadet-Roussel.)

SCÈNE X.

LES MÊMES, CADET-ROUSSEL, DAGOBERT; au deuxième rang, LA PALISSE, UN CHEF DES GARDES.

CADET-ROUSSEL, entrant par la porte du fond. Entrez donc, Sire, entrez donc!

DAGOBERT. Non, monsieur Cadet-Roussel, non, je ne le souffrirai pas!

CADET-ROUSSEL. Mais, Sire...

DAGOBERT. Vous m'avez offensé!... rompre trois mariages auxquels j'avais daigné assister en personne... renvoyer trois gendres qui m'avaient voté des fonds secrets pour un fond de culotte... C'est indigne!

CADET-ROUSSEL. Mais, Sire, j'ai réparé mes torts, mes trois filles r'épousent leurs trois premiers maris.

DAGOBERT. A la bonne heure! (A La Palisse.) Monsieur de La Palisse!

LA PALISSE. Sire?

DAGOBERT, indiquant le fond. Gardez cette porte, et ne laissez entrer ni sortir personne.

LA PALISSE. Oui, Sire. (Il donne des ordres au chef des gardes, qui sort avec ses gardes.)

CADET-ROUSSEL. Donnez-vous donc la peine de vous asseoir, Sire.

DAGOBERT. Je ne vois aucun siége.

CADET-ROUSSEL. Ah! mon Dieu! ils sont dans mes trois caves avec mes trois filles... et je vais...

DAGOBERT. Oui, allez les chercher... pas les siéges, vos filles... il faut que je m'asseye... non, que je leur parle.

CADET-ROUSSEL. Aux siéges?

DAGOBERT. Eh! non! à vos filles.

CADET-ROUSSEL. A mes filles, oui, Sire.

(Il sort par la porte à droite.)

SCÈNE XI.

DAGOBERT, LA PALISSE: LES AUTRES, toujours dans les coffres.

DAGOBERT. Approchez, monsieur de La Palisse, et parlons un peu des intérêts de l'État.

LA PALISSE. Je le veux bien, parce que je ne m'y oppose pas; mais ça m'ennuierait moins si ça m'amusait davantage.

DAGOBERT. Que pensez-vous de la guerre que je viens d'entreprendre contre mon oncle Caribert! Ai-je raison?

LA PALISSE. Oui, Sire, vous avez raison, si vous n'avez pas tort.

DAGOBERT. Le grand Malboroug, qui commande l'avant-garde, a juré qu'il serait vainqueur... Est-ce votre avis?

LA PALISSE.

Air : M. d' La Palisse est mort.

Oui, Sire, sur mon honneur,
Oui, j'aime à le croire,
Oui, Malb'roug sera vainqueur
S'il gagne la victoire.

DAGOBERT.

Je vous crois... mais par malheur
Si l'on allait l'occire!...

LA PALISSE.

Dam! s'il n'est pas vainqueur,
Il sera vaincu, Sire.

DAGOBERT. Vous pourriez bien avoir raison... Mais j'entends Cadet-Roussel... plus un mot de politique!

SCÈNE XII.

DAGOBERT, CADET-ROUSSEL, COLINET-
TE, FANCHON, ANNETTE, LA PA-
LISSE.

CADET-ROUSSEL. Sire, voilà mes filles.

DAGOBERT. C'est bien... prenons place.

CADET-ROUSSEL. Ah! mon Dieu! j'ai oublié les trois chaises dans mes trois caves.

DAGOBERT. Ça ne fait rien... ces demoiselles resteront debout pour écouter ce qu'elles vont entendre... Monsieur de La Palisse, asseyez-vous là bas, sur ce coffre; moi, je m'assieds sur celui-ci, (Celui de gauche.) et vous, Cadet-Roussel, en face de moi, sur ce dernier coffre. (Il s'assied et se relève plusieurs fois, comme repoussé par le couvercle qu'on soulève de l'intérieur.)

CADET-ROUSSEL, s'asseyant. Même jeu. Voilà Cadet sur le coffre.

DAGOBERT. Approchez, Mesdemoiselles... (Regardant le coffre, et se rasseyant.) C'est un effet magnétique sans doute.

ANNETTE, en s'approchant, à ses sœurs. Qu'est-ce qu'il va nous dire?

COLINETTE, de même. Je n'en sais rien, mais il m'ennuie.

FANCHON, de même. Je le déteste, ce vieux vilain laid-là.

DAGOBERT. Mesdemoiselles... Il me convient que vous épousiez trois maris que vous ne pouvez pas souffrir... De plus, j'ordonne que vous soyez heureuses en ménage, c'est notre bon plaisir.

FANCHON. Mais, Sire, ce n'est pas le nôtre.

DAGOBERT, CADET-ROUSSEL, LA PALISSE, se levant tous trois. Hein? (Les trois soldats soulèvent les trois couvercles et poussent un soupir étouffé.)

DAGOBERT. Pas un mot!... que tout le monde reprenne ses places... (Ils vont se rasseoir sur les coffres, qui se referment.) Ne raisonnons pas... (Tapant sur le côté du coffre.) J'ai un bon coffre... (D'une voix naturelle.) Apprenez, Mesdemoiselles, si vous ne le savez pas, ce qui serait une négligence de monsieur votre père, que personne, entendez-vous, personne n'a de bon plaisir que le roi... il m'importe peu que vous aimiez ou n'aimiez pas vos prétendus..... Quand je vous dis : Epousez-les., c'est mon bon plaisir, vous devez les épouser pour mon bon plaisir.

FANCHON. Eh bien! non, non!

TOUTES. Jamais! jamais!

LES TROIS HOMMES, se levant, sans faire un pas. Téméraires!

TOUTES. Mais, Sire. .

DAGOBERT. Pas un mot de plus... rasseyons-nous. (Au moment où les trois hommes vont se rasseoir, les trois couvercles se trouvent entièrement ouverts. Dagobert, Cadet-Roussel, La Palisse disparaissent dans les trois coffres. La bataille recommence ; les trois soldats se dégagent, sortent des coffres et aident Cadet-Roussel, Dagobert et La Palisse à en sortir. Les trois futurs en sortent également, mais tout éclopés.)

CHŒUR.

Air :

Ah! mais c'est épouvantable!
C'en est fait de nos jours!
Quelle lutte effroyable!
Au secours! au secours!

} Bis.

SCÈNE XIII.

LARISSOLLE, LA TULIPE, SANS-QUAR-
TIER, DAGOBERT, CADET-ROUSSEL,
DUMOLLET, GUILLERI, GRIBOUILLE,
LA PALISSE, GARDES; puis LA CHANSON,
qui conduit tous les personnages de la pièce; LA
MEUNIÈRE, LA BOULANGÈRE, ET MA-
DAME GRÉGOIRE, groupées à droite; CO-
LINETTE, FANCHON, ANNETTE, groupées
à gauche. Au fond, tous les personnages accessoires
du premier acte.

DAGOBERT.

Air : *Mon père était pot.*

Ah! c'est affreux! à moi, soldats!
    (Les gardes paraissent.)
On m'outrage, on m'offense...
(Indiquant La Tulipe, Larissolle et Sans-Quartier.)
Morbleu! de ces trois scélérats
Je veux tirer vengeance ..
    (A Cadet-Roussel.)
Si tu crois, manant,
Que je suis clément.
Ventrebleu! tu te blouses!...
Que, haut suspendus,
Ils soient tous pendus...

LA CHANSON, qui vient d'entrer.

Aux bras de leurs épouses!

TOUS. Parlé. La Chanson!...

Air des *Flons, flons.*

Eh flon, flon, flon, larira dondaine,
Gai, gai, gai, larira dondé!

LA CHANSON, au milieu du théâtre, entre Dagobert et Cadet-Roussel.

La Chanson doit seule être reine.
    (A Dagobert.)
Taisez-vous quand j'ai commandé!

CADET-ROUSSEL.

On veut à la potence
Envoyer vos sujets.

LA CHANSON.

Non, mes sujets en France,
Ne périront jamais.

TOUS.

Eh flon! flon, etc.

CADET-ROUSSEL, *passant au milieu.*

Air : *Lorsque l'on va boire à l'écu.*

Il faut aller boire à l'écu,
Sans tortiller, faisons six mariages.
Il faut aller boire à l'écu,
Cela vaut mieux qu'être pendu.

LA CHANSON, à la Meunière, la Boulangère et madame
Grégoire.
Reprenez vos trois maris.

(Elle désigne Gribouille, Dumollet et Guilleri. —
A Fanchon, Colinette et Annette.)

Et, vous, vos amants chéris.

(Elle désigne les trois soldats.)

DAGOBERT.

Mariez-vous tous les six,
Et finissons par des chansons.

CADET-ROUSSEL.
Et fricassons!

TOUS LES PERSONNAGES.
Il faut aller boire à l'écu, etc.

CADET-ROUSSEL, au public.
Lorsque le roi Dagobert
Met sa culotte à l'envers,
(Dagobert s'avance et pose la main sur son cœur.)

Messieurs, il craint un revers,
Ne mettez pas ce soir notre pièce à l'envers!

TOUS.
Il faut aller boire à l'écu, etc.

(Sortie générale bras dessus , bras dessous, en dansant
et sautant en cercle.)

FIN DE CADET-ROUSSEL.

Paris— Impr. de DUBUISSON et Cᵉ, rue Coq-Héron 5.

Philantropes (les), c., 3 actes. 60

Philosophe sans le savoir (le), c. 5 a.

Philtre (le), grand op., 2 actes. 1 fr.

Philtre champenois (le), vaud., 1 acte. 60

Phœbus ou l'Écrivain public, vaud., 2 a. 60

Picaros et Diego, op.-com., 1 acte. 60

Pied de mouton (le), v., 3 actes. 60

Pie valeuse, dr., 3 a. 1 fr.

Pie voleuse, op.-com., 3 actes. 60

Pioupiou (le), v., 2 a. 1 fr.

Planteur (le), op.-com., 2 actes. 60

Plus beau jour de la vie (le), v. 3 actes. 60

Poil de la prairie (le), com. 3 actes. 60

Polder ou le Bourreau, dr., 3 actes. 60

Poletais (les), v., 2 a. 60

Polka (la), v., 1 a. 60

Poltron (le), v., 1 a. 60

Portions (les), dr. 5 a. 60

Popularité (la), coméd., 5 actes. 1 fr.

Portrait vivant, c., 3 a. 60

Postillon de Lonjumeau (le), op.-com., 3 a. 60

Poupée (la), v., 1 a. 60

Pourquoi? v., 1 a. 60

Pré aux Clercs, op.-c., 3 actes. 60

Précepteur à vingt ans (le), v. 2 a. 60

Première affaire (la), com., 3 actes. 60

Premières amours (les), vaud., 1 acte. 60

Précédante (la), com., 3 actes. 60

Prépandants (les), com., 3 actes. 60

Préville et Taconnet, v., 1 a. 60

Princesse Aurélie (la), com., 5 a. 60

Prison d'Edimbourg (la), op.-c., 3 a. 60

Projets de mariage (les), com., 1 a. 60

Prosper et Vincent, v., 2 actes. 60

Protégé (le), v., 1 a. 60

Puits d'amour, op.-c., 3 actes. 1 fr.

Pupilles de la garde, v., 2 a. 60

Pauvre Jacques, v., 1 a. 60

Quaker et la danseuse, v., 1 a. 60

Quatre-vingt-dix-neuf montons, v., 1 a. 60

Rabelais ou le curé de Meudon, v., 1 a. 60

Ravel en voyage, v., 1 acte. 60

Raymond Varney, dr., 60

Rébécca, v., 2 a. 60

Régine ou les deux nuits, op.-com. 2 a. 60

Régine de Chypre, op., 5 actes. 1 fr.

Reine de seize ans (la), v., 2 a. 60

Rendez-vous Bourgeois (les), op.-com., 1 a. 60

République, l'Empire et les Cent jours (la), 60

Rêve du mari ou je manteau, c., 1 a. 60

Richard d'Arlington, dr., 5 a. 60

Richard en Palestine, op., 5 a. 1 fr.

Richard Savage, dr., 5 a. 60

Rigoletti, v., 1 a. 60

Rivaux d'eux-mêmes (les), c., 1 a. 60

Robert, chef de brigands, dr., 5 a. 60

Robert d'Évreux, op., 3 actes. 1 fr.

Robert-le-Diable, op., 5 actes. 1 fr.

Robin des bois, op., 3 actes. 60

Rodolphe, dr., 1 a. 60

Roman (le), c., 5 a. 60

Roman de Pension (un), v., 1 acte. 60

Roman d'une heure (le), c., 1 a. 60

Rose jaune (la), v., 1 a. 60

Rose de Péronne (la), op.-com., 3 a. 60

Rue de la Lune (la), v., 1 acte. 60

Ruy-Brac, parodie de Ruy-Blas. 60

Saltimbanques (les), v., 3 actes. 60

Samuel le marchand, dr., 5 a. 60

Sans tambour ni trompette, v., 1 a. 60

Satan ou le Diable à Paris, v., 4 a. 1 fr.

Saül, trag., 5 actes. 60

Seconde année (la), v., 1 acte. 60

Secondes noces, v., 2 a. 60

Secret de la confession (le), dr., 5 a. 60

Secret du ménage (le), com., 3 a. 60

Secret du soldat (le). 60

Secrétaire (le) et le Cuisinier, v., 1 a. 60

Sept heures, dr., 3 a. 60

Serment de collège (le), vaud., 1 a. 60

Shériff (le), op.-comique, 3 actes. 60

Sirène (la), op.-comique, 3 actes. 60

Sœur de Jocrisse (la), v., 1 acte. 60

Soldat de la Loire (le), dr., 1 a. 60

Somnambule (la), v., 2 actes. 60

Sonneur de Saint-Paul (le), dr., 5 a. 60

Sophie Arnould, vaud., 5 actes. 60

Suisse de Mally (le), v., 1 acte. 60

Sujet et duchesse, dram., 3 actes. 60

Surprises (les), v., 1 a. 60

Susceptible (le), c., 1 a. 60

Sûreté, vaud., 2 a. 60

Symphonie (la), op.-c., 1 acte. 60

Talismans (les), drame, 3 actes. 1 fr.

Tasse (le), dr., 5 a. 60

Temple de Salomon (le), dr., 5 a. 1 fr.

Térésa, drame, 5 a. 60

Thérèse ou l'Orpheline de Genève, dr., 3 a. 60

Thérèse, op.-c., 2 a. 60

Tisserand de Ségovie (le), trag. en 5 actes. 60

Tôt ou tard, com., 3 a. 60

Toujours ou l'Avenir d'un fils, v., 2 a. 60

Touquel, vaud., 2 a. 60

Tour de Nesle (la), dr., 5 actes. 60

Tout pour de l'or, dr., 5 actes. 60

Trafalgar, vaud., 5 a. 60

Freize (les), op.-c., 3 a. 60

Treute ans ou la Vie d'un joueur, dr., 3 a. 60

Tchili der cent vierges (le), dr., 5 a. 60

Trois Gobe-Mouches, v., 1 act. 60

Tudurette, vaud., 1 a. 60

Tutrice (la), com., 3 a. 60

Un bal de grisettes, v., 1 acte. 60

Un Duel sous Richelieu, dr., 3 a. 60

Un fils, mélodr., 4 a. 60

Un mari charmant, v.,

1 acte. ... 60
Un mari au bon temps, vaud., 1 acte ... 60
Un mari, s'il vous plaît, vaud., 1 acte ... 60
Un ménage parisien, dr., 2 actes ... 60
Un moment d'imprudence, com., 3 a. ... 60
Un monsieur et une dame, vaud., 1 a. ... 60
Un page du régent, vaud., 1 acte ... 60
Un péché de jeunesse, v., 1 acte ... 60
Un premier amour, v., 3 actes ... 60
Un scandale, v., 1 acte ... 60
Un veuvage, com., 3 a. ... 60
Un testament de dragon, vaud., 1 acte ... 60
Une aventure de Scaramouche, opéra ... 1 f.
Une double leçon, com., 1 acte ... 60
Une famille au temps de Luther, trag., 1 a. ... 1 f.
Une faute, vaud., 2 a. ... 60
Une femme laide, vaud.

2 actes. ... 60
Une fête de Néron, tr., 5 actes ... 60
Une chaîne, com., 5 act. ... 60
Une heure de mariage, op.-com., 1 a. ... 60
Une invasion de grisettes, vaud., 2 a. ... 60
Une journée à Versailles, com., 3 a. ... 60
Une nuit au sérail, v., 2 actes ... 60
Une position délicate, v., 1 acte ... 60
Une présentation, com., 3 a. ... 60
Une Saint-Hubert, com., 1 acte ... 60
Une vision ou le Sculpteur, vaud., 1 a. ... 60
Une visite nocturne, v., 1 acte ... 60
Vagabond (le), dr., 1 a. ... 60
Val d'Andorre (le), op.-com., 3 actes ... 1 f.
Valentine, vaud., 2 a. ... 60
Valérie, com., 3 a. ... 60
Veau d'or (le), v., 2 a. ... 60
Vêpres (les) siciliennes,

trag., 5 a. ... 60
Verre d'eau, com., 5 a. ... 60
Vert-Vert, vaud., 3 a. ... 60
Veuve de la Grande armée (une), dr.-v., 4 a. ... 60
Vie de château (la), v., 2 actes ... 60
Vie de garçon, v., 2 a. ... 60
Vie d'un comédien, com., 4 actes ... 60
Vieille (la), op.-com., 1 acte ... 60
Vieux péchés (les), vaud., 1 acte ... 60
Vingt-six ans, v., 2 a. ... 60
Voisin Bagnolet (le), v., 1 acte ... 60
Voyage à Dieppe (le), c., 3 actes ... 60
Voyage de Robert Macaire, vaud., 1 a. ... 60
Werther ou les Egarements, vaud., 1 a. ... 60
Yelva ou l'Orpheline russe, vaud., 2 a. ... 1 f.
Zampa ou la Fiancée de marbre, op.-com., 3 a. ... 1 »
Zoé ou l'Amant prêté, vaudev. ... 60

Villefort, dr. en 5 actes ... 1 f.
Le comte de Morcerf, dr. en 5 actes ... 1 f.
Le Maître de Chapelle, op.-com. en 1 acte ... 60
Joseph, drame lyriq. en 3 actes ... 2 f.
Livre III, Chapitre 1er, com. en 1 acte ... 60
La Poissarde ou les Halles en 1804, dr. en 5 actes ... 60
L'Amour à la Maréchale, comédie en 2 actes ... 60
Le Misanthrope et l'Auvergnat, com. en 1 a. ... 60
Les Filles sans dot, com. en 3 actes ... 60
Moïse, opéra en 4 actes ... 1 f.
Mercadet, com. en 3 act., in-18 ... 1 f.
Les papillotes de M. Benoist, in-18, op.-com. en un acte ... 1 f.
Les Antipodes, v., 1 acte ... 60
Les Sabots de la Marquise, op.-com., 1 acte ... 1 f.
Bonaparte à l'école de Brienne, com.-vaudev. en 3 actes ... 60

La Dot de ma Fille, com., 1 acte, en vers, in-12
Les suites d'un bal masqué, com. 1 a., in-12
Shakespeare amoureux, coméd. en 1 acte, en vers ... 60
La Fanchonnette, op.-c. 3 actes, in-12 ... 1 f.
Roman (le) de la Rose, op.-c. 1 a. ... 1 f.
Nouveau Seigneur (le) de village, op.-c. 1 a. ... 1 f.
Maître Patelin, op.-c. 1 a.
Espion (l') du grand monde, dr. ... 1 f.
Enfant (l') du régiment, dr. ... 1 f.
Le Bouffe et le Tailleur, op. en 1 acte.
Joconde, op. en 3 actes ... 1 f.
Nouveau Seigneur, op. en 1 acte.
Les Petites Lâchetés, comédie en 3 act. ... 1 f.
Le Père aux Gens, drame, 3 act. ... 1 f.
Jeannot et Colin, opéra-com. 3 act.

Pièces de VICTOR HUGO, à 60 centimes :

ANGELO, drame en 3 actes.
BURGRAVES (les), trilogie.
ESMERALDA (la), opéra en 4 actes.

HERNANI, drame en 5 actes.
LUCRECE BORGIA, drame en 3 actes.
MARIE TUDOR, drame en 3 actes.

MARION DELORME, drame en 5 actes.
ROI S'AMUSE (le), drame en 5 actes.
RUY-BLAS, drame en 5 actes.

LE CUISINIER ROYAL,

Un volume in-octavo, par VIART. — Prix 5 francs.

ON TROUVE A LA MÊME LIBRAIRIE :

LE CHASSEUR AU CHIEN D'ARRÊT,

Contenant les habitudes, les ruses du Gibier, l'art de le chercher et de le tirer, le choix des Armes, l'Education des Chiens, leurs maladies, etc.

PAR ELZÉAR BLAZE,

3e édition. — 1 vol. in-8°. — Prix 7 fr. 50 c.

LE CHASSEUR AU CHIEN COURANT,

Contenant les habitudes, les ruses des Bêtes, l'Art de les quêter, de les juger et de les détourner, de les attaquer, de les tirer ou de les prendre à force; l'éducation du Limier, des Chiens courans, leurs maladies, etc.

PAR ELZÉAR BLAZE,

volumes in-8°. — Prix 15 francs.

HISTOIRE DU CHIEN

CHEZ TOUS LES PEUPLES DU MONDE,

d'après la Bible, les pères de l'Eglise, le Koran, Homère, Aristote, Xénophon, Hérodote, Plutarque, Pausanias, Pline, Horace, Virgile, Ovide, Jean Caius, Paulini, Gessner, etc.

PAR ELZÉAR BLAZE,

Un vol. in-8°. — Prix 7 fr. 50 cent.

La vie militaire sous l'Empire,

OU

MŒURS DE LA GARNISON, DU BIVOUAC ET DE LA CASERNE,

par EL. BLAZE,

DEUX VOLUMES IN-8. — PRIX 15 FR.

LE CHASSEUR AUX FILETS

OU LA CHASSE DES DAMES,

Contenant les habitudes, les ruses des petits Oiseaux, leurs noms vulgaires et scientifiques, l'Art de les prendre, de les nourrir et de les faire chanter en toute saison, la manière de les engraisser, de les tuer et de les manger.

PAR ELZÉAR BLAZE,

1 vol. in-8°, avec pl. gravées. — Prix 7 fr. 50 c.

LE MÊME, grand papier vélin, imprimé en encre rouge. — Prix 15 fr.

CABINET SECRET DU MUSÉE ROYAL DE NAPLES.

1 beau volume in-4° grand raisin vélin, orné de 60 planches coloriées, représentant les peintures, les bronzes et statues érotiques qui existent dans ce cabinet. Au lieu de 100 fr. broché ... 60 fr.

LE MÊME, figures noires, broché ... 40
— figures coloriées sur chine, demi-reliure en veau ... 80
— figures noires sur chine, demi-reliure en veau ... 70
— doubles fig. noires et coloriées, cartonné à la Bradel ... 90
— avec les deux collections de gravures sur papier de Chine, coloriées, demi-rel. dos en veau à nerfs ... 120

L'art ancien et l'art du moyen-âge ne se piquaient pas d'une pudeur bien chaste; les plus admirables chefs-d'œuvre sont souvent accompagnés de détails obscènes qui en rendent impossible l'exposition aux yeux de tous. Le cabinet secret du roi de Naples est la seule galerie au monde où l'on se soit proposé de réunir tous les chefs-d'œuvre impudiques. Le livre qui les reproduit est d'indispensable complément de toutes les collections de musées, et doit trouver place dans un coin secret de la bibliothèque de l'artiste et de l'amateur.

TRAITÉ DE PRONONCIATION,

Seule méthode employée au Conservatoire,

SUIVI D'UN COURS DE LECTURE A HAUTE VOIX,

Par M. MORIN (de Clagny),

Professeur au Conservatoire impérial de Musique et de déclamation.

4e Édition. — 1 vol. in-18. — 1 fr. 50.

JEANNE D'ARC,

Par A. SOUMET. — 1 vol. in-8°, prix 5 fr.

THÉATRE DU MÊME,

1 vol. in-8°, prix : 4 fr.

Paris. — Imprimerie de DUBUISSON et Cie, rue Coq-Héron, 5.

[illegible]